Dans la même collection
« *LES CRITIQUES
DE NOTRE TEMPS* »

**CAMUS
CLAUDEL
MALRAUX**

A paraître :

**APOLLINAIRE
GIDE
PROUST...**

Les critiques
de notre temps
et
VALÉRY

Éditions **Garnier** Frères
6, rue des Saints-Pères, Paris

*Tous droits de reproduction, de traduction
et d'adaptation réservés pour tous pays.*
© GARNIER FRÈRES, 1971.

Couverture : atelier Pierre Faucheux.
Photo : x

Les critiques
de notre temps
et
VALÉRY
présentation par
Jean Bellemin-Noël
ancien élève de l'École Normale Supérieure,
agrégé des lettres,
chargé d'enseignement à l'Université
de Paris VIII — Vincennes.

Gilberte Aigrisse
Alain
Ned Bastet
Charles Du Bos
Gérard Genette
Jean Hytier
Walter Ince
Pierre Laurette
Jean Levaillant
Charles Mauron
Octave Nadal
Georges Poulet
Marcel Raymond
Judith Robinson
Albert Thibaudet
Pierre-Olivier Walzer

INTRODUCTION

L'actualité de Paul Valéry n'est plus à dire, ni sa modernité. Du moins comme théoricien, comme maître à penser, comme augure d'une certaine visée *critique* dans tous les secteurs de l'activité humaine, comme ce penseur qui a pressenti qu'il fallait réfléchir sur les formes et les structures plus que sur des éléments ou une substance, en s'inquiétant de trouver des « modèles » — en cela, il ouvrait la voie aux recherches tout à fait contemporaines. Homme axé sur l'avenir, homme presque du futur, expert à découvrir dans le passé et le présent ce que le présent et le passé ignorent être des germes. Tout cela sans la moindre allure de visionnaire : jouant plutôt les prestidigitateurs, mais gardant en réserve beaucoup de rigueur et les patiences de l'analyste. Sur sa postérité en littérature, l'article de Gérard Genette (n° 16) est particulièrement explicite : en reprenant le terme de « poétique », on donne aujourd'hui un sens à son entreprise et un statut d'autonomie à la critique littéraire.

Dans son exercice de l'art poétique, aussi bien, le poète Valéry a frayé plus de chemins qu'on ne pensait. Longtemps, en partie à cause de la célèbre querelle de la « poésie pure » qui affronta l'abbé Bremond et Paul Souday, la pureté de ses alexandrins le fit rapprocher de Racine, tandis que ses formules contre l'inspiration, pour une lucidité parfaite de l'écrivain, semblaient l'intégrer à un univers de pensée classique : au total, l'auteur de *Charmes* pouvait aux yeux de certains se situer dans la lignée d'Aristote, on le traitait de versificateur. En fait, disciple clairvoyant de Mallarmé, Valéry savait que le poème n'est pas la mise en forme — en belle forme — d'une idée ou d'un sentiment, que la poésie est création de sens par une implacable organisation de signes et de sonorités dont les valeurs sont engendrées à chaque lecture. La pratique valéryenne d'une écriture productive où la fabrication s'avère être le contraire même de l'ornementation prélude aux doctrines les plus actuelles d'une « textualité » sans prédestination, qui découvre sa cohérence dans les parcours renouvelés des différents lecteurs. Art de la combinaison, combinatoire sensuelle autant qu'intellectuelle, mise en rapport de termes qui se font écho et de notions qui se mirent les unes dans les autres, « hésitation prolongée entre le son et le sens », disait-il lui-même, la poésie qu'il *composait* avec tant de lucide acharnement offre des systèmes d'allitérations, des ellipses, des jeux de métaphores auxquels on n'a pas encore rendu l'hommage qu'ils attendent. Ce phénomène n'avait échappé ni à Thibaudet (n° 13) ni à Alain (n° 14); Pierre Guiraud a décrit minutieusement et presque scientifiquement l'organisation lexicale de ce vers ; mais c'est à Octave Nadal que revient le mérite d'avoir analysé sa naissance : travaillant sur les brouillons, il a regardé comment le poète jouait avec les formes sonores et les significations pour construire les divers motifs de sa *Jeune Parque* (n° 15). « Honneur des hommes, Saint Langage... »

Dans toute poésie, les *figures* constituent le point où se rencontrent, où s'articulent des réseaux thématiques dont le rayonnement (au double sens de faisceau divergent et d'irradiation secrète) forme en quelque sorte la trame. Ces figures, par leur choix et leurs accords, dessinent à leur tour un « paysage imaginaire », pour employer l'expression de Jean-Pierre Richard, dans lequel on peut retrouver des constantes. Certains objets du monde acquièrent un prix particulier : on a ainsi suivi de près les filières qui partent de l'*arbre* (n° 12), mais il faudrait considérer de même l'importance et le jeu d'éléments comme le *soleil* et la *mer*, ou le rôle des *mains,* voire des *doigts,* ou encore la destinée des *chevelures...* Certains critiques, faisant appel à des méthodes d'interprétation adaptées de la psychanalyse (jungienne et freudienne) ont essayé de retracer une espèce de silhouette de l'inconscient qui parle à travers tous ces textes ; l'omniprésence du *miroir,* le personnage de *Narcisse,* l'apparition fréquente du *serpent,* la dictature de la *conscience de soi,* le murmure à peine voilé de l'érotisme dans Sémiramis ou les émois de la Jeune Parque sont autant d'indices, et il est en effet tentant d'interroger l'univers poétique de Valéry dans ses soubassements (n⁰ˢ 10 et 11). Un discours obscur se tient à travers tant de silencieuse lumière, cette Méditerranée recèle des abysses.

Certes, l'écart est grand entre une quête passionnée de la clarté et les balbutiements du désir qui se nourrit de ténèbres ou ne parle que d'absence ; entre l'élucidation et ce qui refuse d'être vu se creuse un fossé où se joue pour l'essentiel le destin de Valéry. Déchirure qui porte des noms multiples. C'est d'abord le drame de l'*instant,* dont l'existence ambiguë assure l'indécision entre le continu et le discontinu : où est ma cohésion ? où mon être, à travers les clignotements de la veille et de la nuit ? où ma permanence, pendant tant de ruptures ? Et ce phénomène délectable autant que mystérieux de l'*éveil,* souligné par Georges Poulet (n⁰ 9), moment où quelque magie fait passer du néant au vivre, au voir, au penser, dans l'étrange efflorescence des commencements sans origine ? L'interrogation du philosophe surplombe une expérience de chaque matin — à cette heure de l'aurore où l'écrivain, levé en toute saison dès cinq heures, jetait sur ses cahiers des réflexions filles de la nuit et maîtresses du jour, à moins que ce ne soit l'inverse. Dans la solitude de l'aube, il rencontre un autre grand inquiet : *Faust* (n⁰ 8) ; non que Valéry ait emprunté à Gœthe plus qu'un nom, à peine un profil : *son* Faust est différent, car divers dans le même instant, jeune et vieux à la fois, être d'amour et de savoir, écrasant de toute sa force la jouissance ensemble avec la connaissance, s'exténuant à boucler le cercle d'où précisément ne sortira nul démon.

Dans l'histoire, une manière de Faust a existé, qui s'appelait Léonard de Vinci. Socrate du premier âge scientifique, il ne dialoguait pas dialectiquement de médecine, ou de danse, ou d'architecture, mais il se battait avec des plans, des calques, des rythmes, des nombres d'or, des planches d'anatomie : ingénieur à l'œil fixé sur les cheminements de sa pratique, il a compris et démontré l'urgence d'une *méthode.* La stature que lui prête Valéry atteint les dimensions du mythe : Charles Du Bos a senti qu'il y avait là comme un emblème (n⁰ 7). Dans le domaine de la fiction,

Valéry

— car l'écrivain ennemi du roman (« La marquise sortit à cinq heures... », quelle farce!) n'a pu se réprimer au point de ne pas sécréter un héros fictif, qui a presque une histoire, au moins celle de n'en point avoir — dans la fiction, comme un fils ou un autre soi-même, voici que naît *Monsieur Teste* (n° 6), telle Minerve jaillie toute armée du cerveau de son père. Témoin, tête, simple attestation de l'écriture, idole vide de la pensée qui tourne en rond à la surface du monde, Teste, c'est Valéry au départ et au bout de la recherche de Valéry. C'est encore, ou déjà, ou toujours, le drame de la conscience — « Je me voyais me voir... »

Approcher un auteur, étudier un discours, cela suppose qu'on questionne incessamment les figures qui l'ont hanté et les privilèges que sans le savoir il accorde à certains mots, à des images, à des fantasmes, à certains des grands noms portés par la légende humaine. Mais lorsqu'il s'agit de quelqu'un dont le souci premier est de *se regarder* — se regarder vivre, voir, penser, et sentir, rêver, être vacant — lorsqu'il s'agit d'un Valéry, des témoignages plus personnels doivent abonder, qui renseignent sur les grands axes ou les recoins plus secrets de sa méditation profonde. Avec les *Cahiers,* c'est, en un sens, tout notre regard qui a été transformé.

Cette transformation est datée (1957), ce qui explique en partie la relative modestie de la bibliographie des écrits sur Valéry. Durant les quinze années qui ont suivi sa mort, très peu osaient parler d'une œuvre que complétaient ou commentaient vingt-neuf volumes d'inédits, dans lesquels certaines études critiques ne manqueraient pas d'être *déjà menées à terme* par l'écrivain lui-même, qui portait un critique en soi et l'avait assez dit. Une sorte de creux de la vague correspond à l'intervalle pendant lequel les « valéryens » s'informaient des notes intimes, des discours à soi-même. Bref, on profite aujourd'hui de quarante ans d'*autodissection*.

Certes, Valéry avait dès longtemps publié des sortes d'extraits de ces monologues matinaux — sous des titres divers : *Rhumbs, Tel quel, Mauvaises pensées et autres,* etc. Mais la totalité de ses notes constitue un trésor qui dépasse les plus audacieuses espérances.

Introduction

L'on a beau, de nos jours, traiter les ouvrages comme des êtres en soi, sans auteur, sans contexte, sans histoire, et Valéry lui-même peut bien avoir déclaré que ses écrits appartenaient aux seuls lecteurs, la tentation est forte de rechercher ce qu'il se disait à lui-même de ses propres travaux, de ses pensées, de ses impasses et de ses trouvailles. Son œuvre de penseur est considérable. Prenant chacun un angle particulier, maints critiques universitaires d'aujourd'hui assistent à l'éclosion, au développement, à l'incertitude de ses opinions en tous domaines; on en donnera un échantillonnage (nos 2 à 5). La plupart mettent l'accent sur la bipolarité, voire la contradiction qui préside à une recherche déchirée : audace de l'intelligence conceptuelle, résistance de l'irrationnel — méfiance et confiance devant les pouvoirs de l'analyse — possibilités et limites d'une méthode qu'il faut préalablement adapter à un objet défini ou amener à préciser son champ d'exercice — décapage des apories et dilemmes, dernier mot laissé à la grandeur du doute... Les *Cahiers* sont les *Essais* de Monsieur Teste et la *Métaphysique* d'Orphée.

Parvenu à ce sommet, il est loisible de donner une idée approchée de l'aventure valéryenne; on laissera à Marcel Raymond le soin d'en parcourir les deux faces, selon les termes mêmes d'un article de Valéry : *Poésie et pensée abstraite*. La problématique de la conscience en divorce avec elle-même et celle de l'exercice du langage se conjuguent sans se conjoindre, visent à la fusion en évitant la confusion. C'est à partir de là qu'il a semblé nécessaire d'aborder la lecture de la critique autour de Valéry (n° 1).

Dans son esprit, puisqu'elle prétend conduire à la rencontre d'un être, cette entreprise était condamnée par l'écrivain lui-même. On a peut-être trop parlé de Paul Valéry, on a prétendu connaître de lui l'inconnaissable, ou l'indécent : « L'homme ne s'est élevé qu'en se déguisant. Un lion rasé, un aigle déplumé — sont dégoûtants à imaginer » *(Tel quel)*. Il faut refuser de contempler l'homme, ou ce que l'on prend pour tel; mais de même que « nier A, c'est montrer A derrière une grille » *(Mauvaises pensées et autres)*, renoncer à parler d'un *auteur* n'empêche pas qu'on ait besoin, incoerciblement, de mettre quelqu'un derrière un nom... Il s'agissait de *littérature;* or, déclare Valéry, « j'appelle superstitions littéraires toutes croyances qui ont en commun l'oubli de la condition verbale de la littérature » *(Tel quel);* ce qui compte, ce sont les mots, ce ne sont que les mots et ce n'est que des mots. Lui-même n'a, en ce sens, pas fait de lecture valéryenne de Valéry, ni toujours de ceux, nombreux, dont il a parlé en critique. La possibilité reste offerte dans l'avenir d'étudier les poèmes, les dialogues, les essais, voire les cahiers, selon les procédures d'une « poétique ».

L'exploration critique qu'on va lire comporte son irréductible part d'arbitraire ; elle déconcertera par l'étendue des zones qu'elle laisse dans l'inconnu. Comment ne pas dire, avant d'en rester là et de céder la parole aux ayants droit, qu'elle avait au départ le tort d'être soumise à trop d'impératifs ? Il fallait *présenter Valéry :* donner un aperçu des aspects divers de son œuvre, indiquer quelques repères, offrir si possible des clés, tracer un itinéraire, fût-il sommaire ; on ne peut donner tous les codes. Le présenter *à travers divers regards critiques :* approches historienne, notionnelle, thématique, phénoménologique, psychocritique, stylistique — où s'arrêter ? Sans compter que toutes les lectures ne sont pas représentées. Le présenter *en peu de pages :* entre la simple notice et les recherches exhaustives, en pratiquant une sélection (selon des critères de commodité et de pertinence) parmi tous les ouvrages disponibles, et à l'intérieur de chacun entre tel ou tel chapitre, en coupant à travers les pages — de l'habit d'Arlequin à la cotte mal taillée. Il y avait même une difficulté supplémentaire dans le fait que ce choix est effectué *à cette date,* c'est-à-dire à la veille de l'année du centenaire, qui devrait voir une floraison de colloques et de numéros spéciaux : encore n'était-il pas inutile de faire le point.

JEAN BELLEMIN-NOËL.

Marcel Raymond

1. [APPROCHES]

> Avec son *De Baudelaire au Surréalisme*, M. Raymond s'est présenté dès 1933 comme un initiateur du modernisme en critique, et tous les grands noms de la critique d'aujourd'hui se sont réclamés de lui. Il lui revient de donner ici le coup d'envoi à ce jeu des lectures contemporaines. Dans l'avant-propos de son livre — dont l'extrait ci-dessous constitue le quatrième chapitre — il écrit : « C'est un ordre de préoccupations que l'on pourrait nommer *ontologique* qui a retenu notre attention. Il nous a semblé que ces préoccupations avaient hanté le penseur et l'écrivain tout au long de sa vie. Un conflit de l'être et de la conscience se poursuit en chacune de ses activités. »

Le refus d'être quoi que ce soit...

Note et Digressions (1919) figure dès aujourd'hui parmi les grands textes de la littérature française, sans doute aussi de la philosophie contemporaine ; texte classique, un peu dur mais clair. L'idée que se fait Valéry du *moi* s'y trouve explicitée, le *moi* étant réduit à l'esprit — à *l'esprit de l'esprit*, comme il dira autre part[1], à une fonction spirituelle de l'espèce que les philosophes appellent réflexive. Un des mouvements essentiels de la nature de Valéry s'y déploie selon sa pente. En cette prose

MARCEL RAYMOND, *Paul Valéry et la Tentation de l'esprit*, Neuchâtel, 1946, © éd. de La Baconnière, 1964.

1. *La Politique de l'esprit* (*Variété III*, p. 231).

brûlante, mais sèche, d'une lumineuse aridité, une soif cherche en vain à s'apaiser, cette soif de « netteté désespérée » qu'il a éprouvée comme un tourment, dès sa jeunesse, et à laquelle il a donné son plus intime consentement.

Dans sa *Lettre-Préface* au Père Rideau, un des derniers morceaux qu'il a publiés, Valéry déclare : « Je ne me suis jamais référé qu'à mon MOI PUR, par quoi j'entends l'absolu de la conscience, qui est l'opération unique et uniforme de se dégager automatiquement de *tout,* et dans ce tout figure notre personne même avec son histoire, ses singularités, ses puissances diverses et ses complaisances propres. Je compare volontiers ce MOI PUR à ce précieux zéro de l'écriture mathématique, auquel toute expression algébrique s'égale... Cette manière de voir m'est, en quelque sorte, consubstantielle. Elle s'impose à ma pensée depuis un demi-siècle... » Voilà donc, au dire de Valéry, le résultat le plus stable de la crise de la vingt et unième année, son point d'aboutissement, et l'attitude intérieure désormais préférée, qui implique ce retour à zéro.

Par rapport à l'*Introduction à la méthode de Léonard de Vinci,* la *Note,* postérieure d'un quart de siècle, atteste une ascèse plus rigoureuse, un cheminement plus sûr du côté de « l'être sans visage ».

Le mot *univers,* en particulier, ne s'offre plus qu'en caractères *italiques* dans la prose de Valéry. Ce dernier s'explique là-dessus dans les pages qu'il a écrites ailleurs *Au sujet d'Eureka* : l'objet-univers lui semble maintenant impossible à embrasser, à concevoir, à imaginer, à nommer. Pour un homme, le seul univers réel, c'est celui qu'enveloppe son horizon sensible, c'est la sphère dont il figure le centre et qu'il supporte, où toutes choses se tournent vers lui, l'unique *moi* — *vertere ad unum* — qui affronte toutes choses. Le *moi* ne cesse de s'inscrire dans cet univers, qui le renvoie à soi par tous ses mouvements ; qui se déplie tout autour du *moi,* lequel s'en détache pour se replier en soi-même. (« De la dilatation et de la concentration du *moi,* tout est là », notait Baudelaire dans son journal.)

Mais le geste par excellence du *moi* le plus pur, celui qui le fait être (du moins si l'on s'en rapporte à la *Note,* car la conscience a d'autres possibilités), c'est celui du refus. Sa fonction vitale semble être de rejeter tout au monde, de projeter parmi les objets, par un acte de scission indéfiniment renouvelé, tout ce qui lui est donné, tout ce qui pourrait nuire à son intégrité et provoquer son occultation :

> Pour une présence d'esprit aussi sensible à elle-même, et qui se ferme sur elle-même par le détour de l'*univers,* tous les événements de tous les genres, et la vie et la mort, et les pensées, ne lui sont que des *figures* subordonnées. Comme chaque *chose visible* est à la fois étrangère, indispensable, et inférieure à la *chose qui y voit,* ainsi l'importance de ces figures, si grande qu'elle apparaisse à chaque instant, pâlit à la réflexion devant la seule persistance de l'attention même. Tout le cède à cette universalité pure, à cette généralité insurmontable que la conscience se sent être.

Au regard d'une conscience ainsi entraînée et toujours prompte à se rétablir en son identité, non seulement les choses du dehors, mais toutes celles du dedans, de notre psychisme personnel — émotions ou passions, idées, images mentales — sont perçues comme distinctes, et reflétées comme étrangères. *Dramatis personae,* qui tiennent leur rôle sur le théâtre de la « vie intérieure ». Celle-ci, automatiquement réfléchie, n'est plus qu'un kaléidoscope changeant, un fourmillement de substitutions sans terme. La conscience en vient même à concevoir qu'elle pourrait s'opposer à un univers tout différent de celui auquel elle est accoutumée. Et elle ose penser qu'elle n'en serait point altérée. Elle se persuade qu'elle serait capable de *renvoyer* tous les mondes possibles. Elle voudrait se placer hors du circuit. Elle se sent divine. Une ivresse orgueilleuse la saisit et lui fait croire qu'elle est un absolu; Valéry dit un *invariant :*

> Forte de cette espèce d'indépendance et d'invariance qu'elle est contrainte de s'accorder, elle se pose enfin comme fille directe et ressemblante de l'être sans visage, sans origine, auquel incombe et se rapporte toute la tentative du cosmos... Encore un peu, et elle ne compterait plus comme existences nécessaires que deux entités essentiellement inconnues : soi et X. Toutes deux abstraites de tout, impliquées dans tout, impliquant tout. Égales et consubstantielles.

Certains philosophes ont fait de la conscience un épiphénomène; activité de luxe, produit d'un transfert d'énergie, qui soustrait aux instincts une part de leur vigueur. Valéry, quelquefois, ne serait pas éloigné de penser comme eux. Mais quoi! C'est l'intellect qui est son idole. Quel que soit l'accident, ou la catastrophe, qui l'ait engendrée, et même si elle est de race malheureuse, il confère à la conscience une valeur infinie. Si tout le cosmos se rapporte à un absolu, X, à l'être sans visage, il se rapporte à elle aussi, sa fille très ressemblante. Elle aussi serait sans visage, c'est-à-dire impersonnelle, universelle. Son absolu serait fondé ontologiquement. Tous les privilèges imaginables devraient lui être concédés, et d'abord l'immortalité.

Seulement, Valéry avoue lui-même, dans la *Note,* que si ces prétentions sont « inévitables », leur hardiesse est « périlleuse ».

Tout d'abord, une conscience pure, une conscience parfaitement blanche, ne saurait être. Aux yeux de Valéry, nous l'avons dit, « il y a toujours dans l'âme *n* points noirs en train de grossir ou de se fondre ». Ce qui revient à affirmer, semble-t-il, qu'une conscience n'existe que par sa relation à un objet, qu'elle n'est pas. Conçoit-on une conscience qui serait sans objet, quand bien même celui-ci ne serait que l'idée que la conscience peut prendre d'elle-même? Ce cas-limite serait sa mort; elle ne verrait ni ne *se verrait plus,* elle s'anéantirait. Le miroir où ne se réfléchirait nulle image, ou ombre d'image, cesserait d'être un miroir.

L'auteur de *Note et Digressions* connaissait-il la thèse de Hüsserl et des phénoménologues, pour qui la conscience se pose toujours à *l'intention* d'un objet particulier, ou d'objets organisés, hiérarchisés, d'un univers-objet? Si cette thèse est vraie, si être conscient, c'est prendre conscience d'une chose, en se déprenant d'elle, l'idée d'un MOI PUR, détaché de toutes choses, ne serait qu'une postulation de l'esprit; ce point absolu, situé hors de circuit, il faudrait le placer idéalement à l'infini, hors de toute atteinte. *Soi* et X — le cosmos entier étant mis entre parenthèses — ne pourraient subsister seuls, comme deux entités « abstraites de tout... égales et consubstantielles ».

Telle est pourtant l'exigence foncière de Valéry, sa « tentation » propre. Tel est son essai de mystique de la conscience de soi.

Faut-il dire conscience *de soi?* Au terme de l'ascèse, que j'ai reporté hypothétiquement à l'infini, le MOI PUR serait rendu à l'universel, dépouillé de tout caractère contingent, à la seule ressemblance de l'être sans visage. Dans ce mouvement éperdu, exorbité, l'esprit aurait trouvé sa fin, réalisé son essence. Il aurait réussi à se faire un autre Dieu, semblable à Dieu.

Toute l'expérience de Mallarmé, on le sait, fut orientée dans le même sens. Le 24 mai 1867, dans sa solitude de Tournon, il écrit à Cazalis : « Je viens de passer une année effrayante : ma pensée s'est pensée... » Valéry, lui, dit qu'il s'est voué à l'esprit de l'esprit, et Teste, qu'il se voyait se voir.

Dans une autre lettre, Mallarmé relate sa longue lutte contre Dieu, « ce vieux et méchant plumage »; son triomphe, qui est une chute (est-ce celle du Satan de Hugo, précipité dans l'abîme?) : « Enfin je me suis revu un jour devant ma glace de Venise, tel que je m'étais oublié plusieurs mois auparavant. J'avoue du reste, mais à toi seul, que j'ai encore besoin, tant ont été grandes les avanies de mon triomphe, de me regarder dans cette glace, pour penser, et que si elle n'était pas devant la table où j'écris cette lettre, je redeviendrais le Néant. C'est t'apprendre que je suis maintenant impersonnel, et non plus Stéphane que tu as connu — mais une aptitude qu'a l'univers spirituel à se voir, et à se développer, à travers ce qui fut moi... »

Mais Valéry doute. Il dit : « Encore un peu... » Ou plutôt il sait qu'il s'agit là d'une tentation ; que l'homme peut tout au plus traverser le zéro de la connaissance; qu'il est incapable de se fonder dans l'absolu, de s'établir dans l'immobile, comme la divinité grecque qui « en soi se pense et convient à soi-même », sans autre support que son double inconnu, X. Un passage de la *Note* le laisse clairement percevoir. La conscience voudrait se soustraire à la relativité... Mais « elle a beau se transformer en elle-même, et de jour en jour, se reproduire aussi pure que le soleil, cette identité apparente emporte avec elle un sentiment qu'elle est trompeuse. Elle sait, dans sa fixité, être soumise à un mystérieux entraînement et à une modification sans témoin; et elle sait donc qu'elle enveloppe **toujours**, même à l'état le plus net de sa lucidité, une possibilité cachée de faillite et de totale ruine... »

N'est-ce pas reconnaître que le *moi*, hanté par l'idée de la pureté parfaite, et qui s'y applique de tout son pouvoir, change lui aussi, participe au mouvement universel de dérive et de métamorphose du cosmos ? Il s'échappe à lui-même, sous le couvert de son apparente « invariance ». Et la mort le guette.

« Dans la réflexion, dit Jean-Paul Sartre, je ne parviens pas à me saisir comme objet, mais seulement comme quasi-objet, c'est que je suis l'objet que je veux saisir... Je ne puis échapper à mon ipséité ni prendre de point de vue sur moi-même. Ainsi, je n'arrive pas à me réaliser comme être[2]. »

Valéry a essayé de prendre un point de vue sur lui-même, de se réaliser comme être pur, en faisant abstraction de sa personnalité et de tout son psychisme. Il a regardé sa personnalité comme le fruit d'une « chance séminale » et d'une infinité de hasards. Il a voulu considérer son psychisme comme étranger à la conscience ; « familier chaos », fait de choses données, reçues, transformées. Mais il a voulu aussi, avec son ardeur implacable, « se sauver », en mettant son esprit hors d'atteinte, hors de jeu, à l'abri de ce « pourchas infini » dont il est question dans *L'Être et le Néant,* de cette poursuite qui est aussi une fuite, et par quoi « l'être pour-soi », la conscience humaine, s'efforce de « se soustraire à la relativité », pour exister en soi — ce qui signifie, selon Sartre, désirer d'être Dieu. « Il est moins qu'un homme, a dit Valéry, celui qui n'a pas tenté de se faire semblable aux dieux[3]. »

Il resterait une autre voie, pour suspendre ce « pourchas » du sujet en quête de l'être ; c'est qu'il consentît à se perdre dans un objet infini : Dieu. Les écrivains mystiques nous parlent d'une dépossession de l'âme au profit de l'Être suprême qui vient en occuper toute la capacité. Même dans le cas, moins extraordinaire, de l'acte de présence totale à Dieu qui est celui de l'oraison, il s'instaure entre Soi et X — le second

---

2. *L'Être et le Néant,* p. 361. 3. *Choses tues,* p. 79.

terme étant alors, non plus l'Être sans visage et abstrait, mais le Dieu créateur, source de vie et de toute bonté — un ordre tout nouveau de rapports qui implique de la part du sujet un renoncement préalable dans la confiance, et la conversion entière de l'amour de soi en amour de Dieu.

Paul Valéry, je pense, a envisagé la possibilité de ces rapports nouveaux. Mais la vie et la voie qu'il s'était choisies devaient rendre inconcevable, à ses yeux, cet abandon, cette ordination à un Dieu personnel et paternel. Son destin et son choix étaient *solitude*. Seul, son *moi* pouvait rêver qu'il se diviniserait par ses propres moyens; qu'enfin nettoyé de toutes les souillures du réel et le tenant une fois pour toutes à distance, sublime, il serait tout pareil à l'Être sans visage. Parfaitement seul, toujours, qu'il s'imagine sous les traits de Narcisse ou sous l'apparence de l'Ange. Ce geste par lequel il se distingue, qui assure sa maîtrise et qui introduit dans l'univers une dissonance permanente, c'est cela, croit-il, qui le fait exister. Il ne renoncera pas à ce pouvoir qui est en lui de faire sécession.

Voyons maintenant la double menace qui pèse sur le *moi* qui s'est engagé dans une telle entreprise. Il y a le danger d'obscurcissement par les « choses », qui survient à chaque fois qu'elles nous submergent, ou simplement nous assaillent. Nous nous bornons à sentir, nous cessons un instant de nous voir. Petite mort, mort commune; car la conscience bientôt émerge, se retrouve; blessure, cependant, pour un être avide de se conserver intact. L'autre mort, rare et comme divine, à laquelle Valéry, paradoxalement, tend comme à la fin normale et dernière de son désir, serait la mort par le vide et l'absence. Si la conscience était en mesure de réduire son univers entier, et tout le cosmos, à un objet unique, elle serait parvenue au seuil de la suprême tentation, qui consisterait à le nier d'un seul coup, et à s'anéantir en même temps, à éclater dans le néant comme une bulle.

Valéry s'avance entre les deux abîmes de l'obscurité et de la clarté absolues. Menacé d'un côté par la vie, qui est ennemie de l'esprit, menacé d'autre part d'une sorte de cécité métaphysique, châtiment d'un dieu jaloux, d'un dieu solaire. Il y a un glaive au-dessus de la prunelle du contemplateur.

C'est pourquoi le poète s'arrête à l'image de l'abeille, dont l'aiguillon symbolise la piqûre délicieuse et douloureuse du *moi,* assez lucide pour percer toutes choses à jour :

> Oh ! parmi mes cheveux pèse d'un poids d'abeille,
> Plongeant toujours plus ivre au baiser plus aigu,
> Le point délicieux de mon jour ambigu...
> Lumière !... Ou toi, la mort !...

Tel est le cri déchirant de la *Jeune Parque,* au moment crucial de sa destinée. L'ambiguïté provient du fait qu'elle ne sait quelle mort va la ravir, la mort charnelle, ou cette lumière, qui la pénètre comme une morsure.

Le développement initial du *Cimetière marin* figure une montée à l'extase, face aux dieux que sont les « purs éléments » des choses, le *moi* se délivrant de tout autre sentiment que celui de l'orgueil de soutenir leur éclat ; effort pour transcender la condition de l'homme :

> Quand sur l'abîme un soleil se repose,
> Ouvrages purs d'une éternelle cause,
> Le temps scintille et le songe est savoir...
>
> Masse de calme, et visible réserve,
> Eau sourcilleuse, œil qui gardes en toi
> Tant de sommeil sous un voile de flamme,
> Ô mon silence !...
>
> Et comme aux dieux mon offrande suprême,
> La scintillation sereine sème
> Sur l'altitude un dédain souverain.

Dans *L'Ébauche d'un serpent,* c'est le discours du Tentateur qui apporte l'affirmation dernière, qui est une négation, dont il nous faut mesurer dès maintenant toute la portée :

> Soleil, soleil !... Faute éclatante !
> Toi qui masques la mort, Soleil...
>
> Tu gardes les cœurs de connaître
> Que l'univers n'est qu'un défaut
> Dans la pureté du Non-être !

Ainsi, tout l'univers des choses vivantes, et des plus somptueuses, se définit par l'idée d'une imperfection, d'un manque. Tant d'apparences captieuses sont des pièges. De plus, elles se détachent sur un fond de mort, de non-être. Cet X, corrélatif absolu du *moi,* cet être sans visage, s'assimilerait lui aussi à un non-être, se définirait par une absence. Ce MOI PUR, enfin, universel, anonyme, cherchant automatiquement son identité et son équilibre d'indifférence dans le voisinage du zéro absolu, tendrait à réaliser une sorte d'inexistence.

A la suite de Poe, de Mallarmé, de Léonard, Valéry était parti en conquérant, en condottiere, avec le sentiment d'un pouvoir infini, et le désir de trouver « l'attitude centrale à partir de laquelle les entreprises de la connaissance et les opérations de l'art sont également possibles [4] ». Mesurons cette puissante trajectoire, mieux encore cette « hyperbole », au sens de Mallarmé... Voici que le : « je suis conscient (de quelque chose), donc je suis », est devenu, par un renversement extraordinaire : « je suis — comme si je n'étais pas ». Il était nécessaire de parvenir une fois en vue de ce point mort, de céder une fois à ce que Valéry lui-même nomme « la tentation de l'esprit [5] ». Il fallait s'approcher au plus près de cette inscription : Sens interdit!

> Et voici — chapitre huitième — le contrepoint, le contrepoids de cette quête forcenée du *Moi pur*...

Les états de poésie

[...] Dans un morceau d'une admirable lucidité, Valéry caractérise ce qu'il nomme *l'état de poésie* en ceci que « tous les objets possibles, les êtres, les événements, les sentiments et les actes... se trouvent tout à coup dans une relation indéfinissable, mais merveilleusement juste, avec les modes de notre sensibilité géné-

---

4. *Note et Digressions.*   5. *Ibid.*

Valéry

rale [1[...](. %22)] » Les voici soudain « musicalisés », « résonnants l'un par l'autre », « harmoniquement correspondants ». Ainsi les choses ont-elles lieu dans le rêve. Mais Valéry se garde de laisser supposer que le rêve est nécessairement poésie. Ce sont des analogies qu'il cherche, et celles-ci lui paraissent très évidentes en un point : dans le rêve comme dans l'état de poésie, dit-il, « notre conscience peut être envahie, emplie, entièrement saturée par la production d'une *existence,* dont les objets et les êtres paraissent les mêmes que ceux qui sont dans la veille ; mais leurs significations, leurs relations... sont tout autres et nous représentent sans doute, comme des symboles ou des allégories, les fluctuations de notre sensibilité générale... »

Tous les termes de cette description s'ordonnent dans un sens opposé à celui des analyses de *Note et Digressions*. La conscience consent à être, pleinement, elle se confond avec le sentiment d'*une* existence — et cet indéfini est curieux, qui donne à l'existence l'aspect de l'accident, de l'impersonnalité, comme s'il s'agissait moins d'un état psychique que d'un état cosmique, anonyme. Cette existence est posée comme consubstantielle à ces réalités qui ne sont pas extérieures à la conscience, et qui sont comme immergées dans un milieu homogène où tout, se rapportant à notre sensibilité générale, tend à l'exprimer infailliblement. Ces réalités se composent dans un univers qualitatif, musical, dont la conscience est le support vital et le centre : toutes sont instantes au *moi* et le font exister par elles.

Ainsi, par sa voie propre, et à travers bien des obstacles, Valéry rejoint une expérience poétique universelle, à laquelle se réfèrent d'assez nombreux témoins. Sa description renvoie à la déclaration de Baudelaire : « Dans certains états de l'âme presque surnaturels, la profondeur de la vie se révèle tout entière dans le spectacle, si ordinaire qu'il soit, qu'on a sous les yeux. Il en devient le symbole. » Chaque poète a son langage propre, je le veux bien, et sa métaphysique, mais je ne crois pas que « la profondeur de la vie » puisse se révéler à Valéry autrement que par sa « sensibilité générale », c'est-à-dire indifférenciée, encore diffuse et « profonde »,

---

1. *Poésie et pensée abstraite* (*Variété V*).

assimilable au sentiment de la vie ou à la conscience vague que nous pouvons avoir d'exister en fonction d'un « univers » particulier, d'un spectacle, si ordinaire soit-il. Dans l'un et l'autre cas, le terme de symbole implique l'idée d'une participation à l'être même de la chose contemplée, qui n'est plus remplacée par le signe d'elle-même, ou une indication d'usage.

Voilà qui suffit à éclairer la définition de la poésie qu'a proposée un jour Valéry, et qui a pu étonner, sous la plume d'un poète-fabricateur : « La poésie est l'essai de représenter, ou de restituer, par les moyens du langage articulé, *ces choses* ou *cette* chose, que tentent obscurément d'exprimer les cris, les larmes, les caresses, les baisers, les soupirs, etc. et que semblent vouloir exprimer les objets, dans ce qu'ils ont d'apparence de vie ou de dessein supposé [2]. »

Le langage se fait ici précautionneux; il est d'autant plus significatif. Valéry n'entend pas qu'on puisse l'accuser d'entretenir en lui la croyance naïve en une harmonie préétablie du microcosme humain et du macrocosme, qui auraient la même structure intime et se « correspondraient » métaphysiquement. Loin de lui la grande idée qui traverse le romantisme, à savoir que « l'intérieur de la nature extérieure » se trouve apparenté à « l'intérieur de notre propre pensée » (Troxler *dixit*). De cette rêverie trop séduisante, Valéry a fait table rase. Il n'en demeure pas moins que les objets qui nous entourent, « dans ce qu'ils ont d'apparence de vie ou de dessein supposé », semblent vouloir nous parler. En leur présence, nous avons parfois le sentiment de redécouvrir les linéaments vagues d'une « douce langue natale ».

Mallarmé, selon Paul Claudel, se posait devant le monde une seule question : « Qu'est-ce que cela veut dire ? » Valéry se persuade que *cela* ne veut rien dire, que le « fond des choses ne ressemble à rien » (supposé qu'elles aient un « fond ») [3]. Mais un fait d'expérience subsiste : par le moyen des objets, le poète aura le sentiment d'exprimer ces choses, ou cette chose très intime qu'il serait bien empêché d'atteindre jamais, et

---

2. *Littérature,* reproduit dans *Tel quel.*   3. *L'Idée fixe.*

surtout de formuler, par les procédés habituels, si déliés soient-ils, de l'introspection. Cette chose fuit sous le scalpel, ou se dissipe en nuée sitôt que l'intellect la guette. Elle ne se laisse pas saisir, étant de l'ordre de la vie, qui est « interdite à la pensée ». En revanche, elle consent à entrer dans une sorte de système de relation magique avec les objets. Le moins qu'on puisse croire, c'est que, sous un certain regard, l'ensemble de l'univers instant au poète, à un moment donné, se présente à lui comme un champ de virtualités expressives qui exigent de passer à l'acte, qui engendrent le besoin de la parole efficace et rémunératrice.

Quant à ces choses, ou *cette chose* (le singulier est de plus grande portée), elle serait donc la même, toujours, liée à notre façon d'être au monde, à cette « existence », qui nous envahit de temps en temps, mais qui peut-être ne nous quitte pas, qui se fait invisible et nous hante. Je lis dans le *Cahier B* 1910 : « L'esprit tourne et retourne quelque chose qui n'a pas encore de nom... » Nous sommes ramenés ici décidément à l'élémentaire, au métaphysique.

Dans ces moments privilégiés, l'âme est comblée par le spectacle, « si ordinaire soit-il », elle est enchantée par les yeux, elle est sauvée par la « moindre chose réelle », par le monde extérieur. De là l'attention que Valéry a prêtée à Gœthe, qui n'a pas laissé de le séduire par quelques mouvements de sa nature où il a pensé se retrouver lui-même.

Gœthe, a-t-il écrit [4], « vit comme ce Lyncée dont il chante... les voluptés visuelles, il vit par les yeux, et ses grands yeux jamais ne se lassent de s'imprégner de figures et de couleurs. Il s'enivre de tout objet qui lui répète la lumière ; il vit de vue ». Et plus loin, cet aveu personnel : « Je pense quelquefois qu'il existe, pour certains, comme pour lui, une *vie extérieure* d'intensité et de profondeur au moins égales à celles que nous prêtons aux ténèbres intimes et aux secrètes découvertes des ascètes et des soufis. » Dans son portrait de Gœthe, enfin : « C'est aussi un *mystique,* mais un mystique d'espèce singulière, entièrement voué à la contemplation de l'extériorité. »

---

4. *Discours en l'honneur de Gœthe (Variété IV).*

Ailleurs, c'est en parlant de Corot [5], et dans un des plus beaux morceaux qu'il ait composés, dont la clarté illumine tout un ciel, que Valéry se découvre par sa définition de la « mystique de la sensation ». Préalablement purifié par l'ascèse, l'esprit est à même d'accueillir l'*être* de la sensation comme un absolu, ou d'accéder à l'être dans la sensation : un son jamais ouï en sa justesse divine, une couleur d'une tendresse sans pareille dans le crépuscule, un rayon jamais perçu, émanant du soleil du monde extérieur — de ce soleil qui est la plus belle des *choses réelles,* et que nul mystique de l'intériorité, jamais, ne pourra faire jaillir de ses ténèbres. Valéry ajoute ici deux touches très précieuses : il dit que le paysage prend alors une valeur religieuse et *sacrée,* et que l'âme fait plus que voir et qu'adhérer de toutes ses forces à la sensation : elle *chante*, à l'unisson de ce qui l'émeut. Cela ne se peut que par l'amour.

Il faut aimer pour que l'acte de la vision s'approfondisse à ce point, pour que l'objet acquière une présence assez envahissante, et que l'âme « existe », par un accident merveilleux. Il faut... mais il suffit peut-être d'*un regard charitable;* c'est le titre de la note suivante [6], qui prend la forme d'un pressant conseil : « Que de choses tu n'as pas même vues, dans cette rue où tu passes dix fois le jour, dans ta chambre où tu vis tant d'heures par jour. Regarde l'angle que fait cette arête de meuble, avec le plan de la vitre. Il faut le reprendre au quelconque, au visible non vu — *le sauver...* Donne à ce pauvre, à ce coin, à cette heure et choses insipides, et tu seras récompensé au centuple. » D'où il ressort qu'il est possible de vouloir aimer, d'accorder sa sensibilité générale à ce qui nous entoure, de l'amener à un état de résonance supérieur, et de valoriser cet état infiniment en notre cœur. Et l'amour contient sa rémunération ; l'âme « s'y dépense à s'accroître de ses dons ».

Ces dons peuvent se répandre dans le sentiment même, ou la sensation, de vivre. « Le mysticisme, lit-on dans *L'Idée fixe,* consiste peut-être à retrouver une sensation élémentaire, et, en quelque sorte, primitive, la *sensation de vivre.* » Mais cela suppose, en l'homme, la

---

5. *Pièces sur l'art.*   6. *Mélange,* p. 175.

Valéry

présence de ce qu'il prétendait exclure, dans son effort d'abstraction : la sensibilité. Cela suppose l'homme même ; et que la fonction propre de la conscience, selon Valéry, a été mise en échec, que le vide s'est changé d'un coup en plénitude, par un renversement extraordinaire. Car la sensibilité « a horreur » de ce vide que l'intellect tente d'instaurer dans le *moi*.

Ainsi donc, les états de poésie, véritables états de grâce, qui sont comme des « sanctuaires impénétrables à la durée [7] » où les âmes « se sentent créées par ce qu'elles aiment », et sont « comme ces calmes étincelants, circonscrits de tempêtes, qui se déplacent sur les mers » — ces états de poésie et d'extase où règne le sentiment mystique de la vie, ne peuvent survenir qu'au défaut de l'ascèse intellectuelle et dans les moments d'intermittence où le refus d'être quoi que ce soit se mue en acceptation.

Comment douter, dès lors, que des empêchements majeurs ne se soient opposés à la vocation de poète de Paul Valéry ? Moins pur, moins attentif au travail antiseptique de sa pensée, il eût obéi plus souvent à l'appel des Muses... Entre la mystique de la conscience de soi, qui se fonde sur la négation, et la mystique de la sensation, ou de la vie, il y a passage du contre au pour.

Mais cette vue est provisoire et superficielle, l'hypothèse ci-dessus : « s'il eût été moins pur... » étant irréalisable. Que serait un Valéry moins pur ? Il faut dépasser l'idée d'un conflit insurmontable pour apercevoir comment, chaque fois que les circonstances l'ont permis, ces deux sortes de « mystiques » ou de mouvements de l'esprit, ont pu servir le poète. Les états de poésie, que le langage va représenter, ou restituer, ne seraient pas ce qu'ils sont, merveilles de plénitude et de pureté « divine », s'ils n'avaient été précédés et préparés par un traitement négatif, et par le travail de l'intellect que j'ai appelé antiseptique. Et toute la matière verbale du poème, elle aussi, a gagné en netteté, en puissance, en valeur suggestive, aux opérations préalables de nettoyage auxquelles s'est livré le poète.

Il était nécessaire, je pense, que Valéry fût très capable

---

7. *Eupalinos*.

de regarder la vie comme son ennemie, pour qu'il pût à d'autres moments lui faire fête. Ici la comparaison avec les mystiques religieux s'impose : la source n'est jamais plus limpide que lorsqu'elle jaillit au désert, l'illumination plus vive que lorsqu'elle survient en récompense de l'ascèse, et du refus d'être quoi que ce soit du monde sensible ou affectif — quoi que ce soit d'autre que l'être unique qu'il faut attendre, attendre, et qui viendra.

C'est quand on a fait le vide en soi que la moindre sensation peut envahir la conscience, pour l'informer de façon « divine » — comme si aucun semblable, jamais, ne l'avait annoncée — et s'y accomplir en sa perfection. A ce prix seulement, le charme de ce qui apparaît produit sa vertu cathartique.

Faust, le Faust de Valéry, parvenu, comme son créateur, sur le plus haut plateau de l'existence, et adossé à la mort, sait enfin ce que c'est que vivre :

> À présent, le moindre regard, la moindre sensation, les moindres actes et fonctions de la vie me deviennent de la même dignité que les desseins et les voix intérieures de ma pensée... C'est un état suprême, où tout se résume en vivre, et qui refuse d'un sourire qui me vient, toutes les questions et toutes les réponses... VIVRE... je ressens, je respire mon chef-d'œuvre. Je nais de chaque instant pour chaque instant. VIVRE!... JE RESPIRE. N'est-ce pas tout? JE RESPIRE... J'ouvre profondément chaque fois, toujours pour la première fois, ces ailes intérieures qui battent le temps vrai. Elles portent celui qui est, de celui qui fut à celui qui va être... JE SUIS, n'est-ce pas extraordinaire? Se soutenir au-dessus de la mort comme une pierre se soutiendrait dans l'espace? Cela est incroyable... JE RESPIRE, et rien de plus. Le parfum impérieux de mes fleurs veut que je respire et l'odeur de la terre fraîche vient en moi agir, toujours plus désirée, toujours plus désirable, sur les puissances de mon souffle. JE RESPIRE; et rien de plus, car il n'y a rien de plus. JE RESPIRE et JE VOIS. Ce lieu est doux à voir [8]...

Le « je suis » ne se réduit pas à l'acte de *faire,* d'inventer, mais à celui de voir, d'entendre, de respirer, au sentiment de la présence totale de l'être à ses sensations qui se détachent sur fond de mort dans l'absolu de leur forme. [...]

---

8. *Mon Faust,* acte II, scène 5.

Valéry

Jean Hytier

2. [LES DANGERS D'UNE *MÉTAPHYSIQUE*]

> Dans cette conférence, intitulée « Les refus de V. », J. Hytier interroge Valéry sur ce qu'il pense de la philosophie, de l'histoire littéraire et de la critique esthétique. La première enquête a paru utile pour préciser la façon dont le penseur s'est démarqué par rapport à une attitude réflexive traditionnelle dont il ressentait vivement les insuffisances. Publié d'abord dans *Yale French Studies,* en 1949, ce travail est antérieur à la publication des *Cahiers.*

[...] Voyons donc, en premier lieu, ce que Valéry pense de la philosophie. Il a toujours pris soin d'en distinguer son propre effort. C'est peu de dire qu'il la fuit. Il ne la nie pas, car cet amateur du possible, en qui l'on peut voir un sceptique, s'est toujours refusé à nier expressément. Il fait plus, il ignore; il affecte de ne pas connaître. Quand sa vie aura revêtu une espèce de caractère officiel et représentatif, son exquise courtoisie ne l'entraînera pas à l'égard des philosophes qui lui feront d'aimables avances à des concessions autres que de pure forme; il se retranchera derrière une ignorance exagérée ou une modestie ironique, et tout ce qu'il accordera à la métaphysique et aux métaphysiciens, avec une apparence de grande libéralité et une sorte de déférence éloquente, ce sera tout autre chose qu'une activité de connaissance, ce sera une activité artistique d'une espèce particulière. En somme, il tirera gravement son chapeau à la philosophie, un peu à la manière de Voltaire sur le passage du saint sacrement et répondant à qui s'en étonnait, le croyant brouillé avec Dieu : « *Nous nous saluons, mais nous ne nous parlons pas.* » La véritable opinion de Valéry, vous la trouverez

JEAN HYTIER, « Les Refus de Valéry », in *Questions de littérature (études valéryennes et autres)*, Genève, 1967, © Librairie Droz.

moins dans son *Discours prononcé à la Sorbonne pour l'inauguration du 9ᵉ Congrès international de philosophie* que dans ses petits recueils de remarques incisives, et, comme il arrive souvent, dans la boutade mordante ou injuste plutôt que dans le morceau d'apparat. La remarque XIX des *Analecta* marque parfaitement sa position : « *Mon objet principal a été de me figurer aussi simplement, aussi nettement que possible, mon propre fonctionnement d'ensemble : je suis monde, corps, pensées. Ce n'est pas un but philosophique.* »

Valéry ne s'intéresse profondément qu'à l'analyse de l'esprit, et non d'un esprit théorique, mais d'un esprit enfermé dans un certain *moi* (ce mot si important dans le lexique de Valéry), le *moi* de Valéry lui-même, qui, en un sens, enferme la totalité accessible à sa pensée particulière : conscience de la pensée, conscience du corps, et conscience de la réalité extérieure. On pourrait parler de psychologie phénoméniste et solipsiste, ou, si l'on veut changer de jargon, de narcissisme ou d'égotisme, mais en dépouillant ces mots de la basse complaisance qu'ils peuvent impliquer et en y voyant plutôt le signe d'une méthode rigoureusement décidée à ne pas outrepasser la connaissance la plus étroitement liée à son objet le plus immédiat, qui ne peut être que le *soi* personnel. Valéry, dans le même passage des *Analecta* cité plus haut, a vivement reproché à la philosophie — sans avoir la précaution de préciser laquelle — ce défaut de contact authentique avec son objet :

La philosophie, dont j'ignore ce qu'elle est — parle de tout — par ouï-dire. Je n'y vois point de permanence de point de vue, ni de pureté de moyens. Rien ne peut être plus faux que le mélange (par exemple) d'observations internes et de raisonnements, si ce mélange est fait sans précautions et sans qu'on puisse toujours distinguer le calculé de l'observé; ce qui est perçu et ce qui est déduit, ce qui est langage et ce qui fut immédiat.

Ailleurs, dans *Autres Rhumbs,* ce n'est pas seulement l'ambiguïté de leur procédé qu'il reprochera aux philosophes, ce sera d'entreprendre une tâche impossible, et il semble bien que sa condamnation, cette fois, enveloppe sa propre recherche, sous la forme d'une ironique « *Péroraison d'un sermon ad philosophos. Pour-*

suivons sans relâche, mes Frères, poursuivons sans répit, sans espoir et sans désespoir, poursuivons ce grand essai éternel et absurde de voir ce qui voit et d'exprimer ce qui exprime. » On retrouve là les vieux arguments contre l'introspection et le langage.

Pour Valéry, les philosophes, outre qu'ils posent mal leurs questions, ont le défaut de vouloir y chercher des réponses. Elles sont, pour la plupart, hors de leur atteinte. Ils ne peuvent pas plus que le vulgaire connaître la réalité des choses. C'est ce que Valéry exprime dans un rapprochement cocasse :

Le philosophe n'en sait réellement pas plus que sa cuisinière ; si ce n'est en cuisine, où elle s'entend réellement (en général) mieux que lui. Mais la cuisinière (en général) ne se pose point de questions universelles. Ce sont donc les questions qui font le philosophe. Quant aux réponses... Par malheur, il y a dans chaque philosophe un mauvais génie qui répond, et répond à tout.

Il y a bien une philosophie acceptable, une philosophie au sens le plus vulgaire du mot, une espèce de sagesse courante qui se dégage de l'expérience ordinaire des êtres, mais elle est faite de truismes écœurants et atteste la médiocrité de l'esprit humain. Cette « philosophie naturelle »,

la philosophie banale, spontanée qui se dégage au choc des événements, aux arrêts du régime ordinaire de l'esprit (la brièveté et fragilité de la vie, l'impossibilité de concevoir le mélange d'ordre et de désordre qui paraît dans l'expérience, les retours de fortune, l'injustice, etc.) est une production simple, bête comme tout ce qui est sincère et nature, et qui mesure au plus juste la véritable profondeur de l'homme.

Dans ses moments de mauvaise humeur, Valéry fait souvent penser à Pascal, qu'il n'aime guère pourtant. Que dites-vous de ce titre singulier (dans le Cahier B 1910) : « *Recette pour détruire les philosophes* » ? Ce titre annonce un procédé de critique extrêmement original : il s'agit, au lieu de nous laisser porter par la lecture d'un ouvrage philosophique et, par conséquent, plus ou moins séduire par l'action de l'auteur sur notre imagination, de refuser de nous laisser ainsi manœuvrer, de pratiquer nous-mêmes l'offensive, et de soumettre le livre aux exigences de notre propre curiosité :

> On peut lire un livre de philosophie dans sa suite, comme un développement possible. Mais on peut, au lieu de le prendre ainsi, l'interroger ou l'aborder de questions que l'on s'est faites et lui demander des réponses. C'est là le danger des philosophes et nul n'y résiste. Cette épreuve est une épreuve de fonctionnement. On demande au système de jouer entièrement et de s'adapter à un besoin, non à un lecteur.

Conformément à un désir souvent exprimé par Valéry, c'est alors le lecteur qui devient le personnage actif dans ce dialogue avec l'œuvre. Nous avons tous en nous un petit Socrate belliqueux qui peut légitimement s'attaquer aux princes de la pensée. C'est encourageant, et c'est un peu ce que nous sommes tentés de faire avec l'auteur d'*Eupalinos*.

On ne s'étonne pas que Valéry se soit toujours défendu d'être un philosophe. Il a tout juste consenti à être appelé « philosophe sportif ». Mais il n'a pas pu rester aussi ignorant qu'il l'aurait voulu. Il a lu des philosophes. Il a même parlé de certains d'entre eux : il a médit superbement de Pascal ; il a vu dans Spinoza un poète et un architecte ; Nietzsche l'a exalté et agacé ; surtout il a loué Descartes en termes admirables, à plusieurs reprises, et, bien entendu, en le reconstruisant il l'a tiré à lui : il en a fait un égotiste rigoureux à la manière de M. Teste. Il n'en reste pas moins que ses contacts avec la philosophie ont été décevants. Il s'en est expliqué très loyalement dans ses *Entretiens* avec Frédéric Lefèvre (1926), dans une lettre au R.P. Gillet, maître général des Frères Prêcheurs (30 janvier 1927), et il a redit à peu près les mêmes choses à ce sujet à M. Jean de Latour (septembre 1933). Il s'est donné pour un autodidacte d'une culture déficiente, et qui, au cours de ses lectures, a éprouvé « plus d'étonnement et d'inquiétude que d'adhésion ». Les problèmes posés étaient sans sens pour lui. Ces problèmes *« classiques »*, *« traditionnels »*, ne lui paraissent pas s'imposer, *« du moins dans la forme où la coutume les énonce »*, et il a repris sa critique de la terminologie philosophique et son reproche aux philosophes d'aimer mieux *« résoudre que d'énoncer »*.

Valéry

Cependant, Valéry avait des questions à poser, des *« questions très simples »*, mais il n'a pas trouvé qu'elles eussent reçu des *« réponses satisfaisantes »*. Il a cherché à les résoudre par lui-même. C'est le moment où, sous la modestie, l'orgueil valéryen apparaît. En fait, cette tentative, cette tentation, grandiose et noble, présomptueuse peut-être, qui consiste pour un homme à penser seul sans le secours des autres esprits, m'a tout l'air d'un magnifique rêve de jeunesse. Il sort de la même ardeur qui produisit le personnage de M. Teste.

> Mes idées se sont faites entre 1892 et 1895. J'entends ma manière ou méthode de juger,

a dit Valéry au R.P. Gillet. Son esprit s'est alors

> arrêté sur les problèmes qui [le] frappent plus fortement et directement que les problèmes cardinaux de la métaphysique.

Sans jamais bien préciser de quelles questions il s'agissait (mais on peut les deviner par les idées obsédantes qui reviennent dans toute son œuvre), Valéry a insisté souvent sur la particularité de ce qu'il a appelé *« mes problèmes »*, et il a tenu à préserver leur originalité en les distinguant des *« problèmes des autres »*. Au fond, il pense que tout homme agit, ou devrait agir ainsi, et commencer par se débarrasser non seulement des solutions toutes faites mais des questions qui ne le touchent pas. Dans *Mélange*, il plaint le temps perdu à ce sarclage préliminaire :

> Les trois quarts du temps de l'esprit se passent à se défaire de *réponses* apprises ou communiquées; même de *questions* qui ne sont *pas de nous;* de difficultés importées et que nous ne ressentons pas, ou n'aurions pas inventées.

Dans *Poésie et Pensée abstraite,* il précise que beaucoup de ces problèmes *(« mettons 40 % »)* ne sont *« que des apparences de problèmes : je ne les sens pas. Et quant au reste, il en est plus d'un qui me semble mal énoncé... »* Quant à ses problèmes propres, ils sont strictement subjectifs. *« Une philosophie »*, dira-t-il dans *Mémoires d'un poème,* en tolérant cette fois le mot, *« est chose assez rigoureusement personnelle.* » Il a décrit quelque peu cet aspect de pensée irremplaçable :

> Je ne dis pas que j'ai raison. Je dis que je regarde en moi ce qui se passe quand j'essaie de remplacer les formules verbales par des valeurs et des significations non verbales, qui soient indépendantes du langage adopté. J'y trouve des impulsions et des images naïves, des produits bruts de mes besoins et de mes expériences personnelles. *C'est ma vie même qui s'étonne,* et c'est elle qui me doit fournir, si elle le peut, mes réponses, car ce n'est que dans les réactions de notre vie que peut résider toute la force, et comme la nécessité, de notre vérité.

Ces derniers mots sont révélateurs. Valéry n'est pas loin de la formule de Pirandello : « *Chacun sa vérité.* » Il n'est pas étonnant qu'une philosophie qui se veut si jalousement personnelle aboutisse à une vérité qui ne vaille que pour soi. Mais est-ce encore une vérité? N'est-ce pas plutôt ce qu'un autre dramaturge, Ibsen, appelait « un mensonge vital » ?

C'est pourtant bien là le sens de la pensée de Valéry. Une philosophie personnelle, selon lui, est une philosophie « *intransmissible, aliénable et qu'il faut rendre indépendante des sciences pour qu'elle le soit* ». C'est un « *principe essentiel* » que de se faire « *pour [soi] seul... une manière de système* ». Chez cet amateur passionné de la connaissance scientifique, il est troublant de voir élargir le fossé entre la science et la philosophie. Il avait déjà dit à Frédéric Lefèvre :

> On peut concevoir un philosophe de très grand style, qui n'aurait point de connaissances scientifiques, et ce serait un personnage bien intéressant. Peut-être même bien important.

Et il donnait du philosophe une définition qui consacrait ce subjectivisme concret :

> ...tout homme, de quelque degré de culture qu'il soit, qui essaie de temps à autre de se donner une vue d'ensemble, une vision ordonnée de tout ce qu'il sait, et surtout de ce qu'il sait par expérience directe.

Quand il loua pieusement la mémoire de Bergson, il le remercia

...d'avoir rendu le service essentiel de restaurer et de réhabiliter le goût d'une méditation plus approchée de notre essence que ne peut l'être un développement purement logique de concepts... La vraie valeur de la philosophie n'est que de ramener la pensée à elle-même.

Mais une pensée qui ne doit rien à la science, qui est incommunicable, et qui se ramène à elle-même, est-ce encore une pensée? Ou, encore une fois, peut-on penser tout seul?

Les problèmes de Valéry ne seraient donc pas les nôtres, et, si nous tentions de les aborder, il serait en droit de nous dire que nous nous mêlons de ce qui ne nous regarde pas. C'est, au reste, ce qu'il a fait sous une forme polie chaque fois qu'un exposé de ses idées a été soumis à son approbation. Il faut ajouter que Valéry s'est traité lui-même sur le même pied que ses commentateurs et qu'il s'est dénié à lui-même le droit d'interpréter son œuvre : « *une fois l'œuvre publiée* », a-t-il dit et répété,

...l'auteur n'a pas plus le droit que quiconque de l'interpréter. C'est là un point de vue que je crois rigoureux, puisque l'œuvre est un fait.

Somme toute, Valéry se désolidarise, et de ses interprètes, et de son œuvre même, qu'il considère comme un accident de son activité spirituelle et même comme un déchet de celle-ci. Il a dit de son œuvre, ou de « *ce qu'on appelle ainsi* », qu'il la faisait « *à côté de* [*sa*] *principale pensée* ». Il s'est donc refusé expressément à éclairer « *telle ou telle difficulté particulière* » qu'elle présentait.

Néanmoins, l'idée de coordonner ses pensées en système a parfois effleuré Valéry. On trouve quelque chose de cette intention dans certaine préface à *Variété*, celle de l'édition des *Œuvres Complètes,* où il s'excuse du « *désordre systématique* », « *d'ailleurs assez commode* », que représentait à ses yeux l'ordre chronologique de l'édition courante, et auquel il substitue un reclassement plus méthodique « *d'après les affinités des sujets* » : « *on a mis la littérature avec la littérature et la politique avec les mythes et les rêves.* » En tête d'*Analecta*, l'auteur confie à ses amis qu'en notant ses idées au petit jour, il « *songe bien vaguement* » à « *je ne sais quelle composition future de [ses] vues »*, à « *une sorte de Jugement Dernier* » qui remettra « *les unes au néant* » et construira « *au moyen des autres l'édifice* » de ce qu'il a voulu... C'est dans la lettre au R. P. Gillet que cette promesse jamais tenue s'affirme le mieux ; il y est dit de cette quantité de notes :

> ...une partie pourrait — avec beaucoup de travail et de volonté de coordination — constituer ou représenter le « système » de mon esprit.

Ces velléités n'ayant pas eu de suite, on n'aura une vue moins incomplète de la pensée de Valéry, ou du moins des instants où la mobilité de celle-ci s'est fixée en formules, que le jour où la totalité des fameux cahiers de notes sera livrée au public. Il me semble d'ailleurs voir l'ombre de Valéry se dresser pour protester encore contre cette caricature de son intransmissible vérité, dans un suprême et pathétique refus. N'est-ce pas déjà le ton de ce déni qu'on entend dans ses confidences au public du studio franco-russe :

> Je n'ai jamais publié, et sans doute, je ne publierai jamais l'œuvre dont le titre ou le sujet serait : *Le fond de ma pensée* — car le fond de ma pensée est mouvant, est acte, est incessamment repris, incessamment élaboré, travaillé par moi. Il est constitué, en réalité, par une volonté indéfiniment naissante d'analyse, d'expression toute personnelle. Il me serait même mieux que difficile, dans l'état actuel des choses, de vous en donner la moindre idée, car cette œuvre particulièrement personnelle et perpétuelle, n'est, en somme, dans mon intention, comme dans le fait, qu'un travail, secret par sa nature même, puisqu'il ne pourrait être exposé ou expliqué sans devenir son propre objet.

L'égotisme ascétique, quelles que soient sa rigueur et sa volonté de lucidité, a pour rançon la solitude. [...]

Valéry

Judith Robinson
3. [LES CHANCES D'UNE *LOGIQUE*]

> Après avoir posé, au tout début de son enquête, que ce qui intéresse Valéry, « ce n'est pas le contenu, la substance de sa pensée dans ce qu'elle a de plus personnel : c'est l'opération, le fonctionnement de cette pensée dans ce qu'elle a d'universel » et que l'une de ses préoccupations essentielles est « le problème de l'impuissance du langage ordinaire à saisir la réalité du monde et à la représenter exactement », Judith Robinson développe cette question en effet cardinale.

[...] Comme l'écrit Valéry : « Les " mots ", ces unités discrètes, sont formés *non sur " la nature des choses "*, mais sur les besoins instantanés de désignation — et le furent, non en accord et avec un souci systématique de correspondances de *sens,* univoque, etc. ; mais indépendamment les uns des autres » (XXIII, 855 [1]). Si les hommes se rendaient compte de cette origine fortuite et désordonnée du langage, tout irait bien. Mais malheureusement, ils la méconnaissent presque toujours. Ils ont toujours tendance à traiter les mots comme si quelqu'un les avait créés avec méthode, selon un plan d'ensemble, comme s'il y avait entre eux des rapports logiques et bien définis. Rien n'est plus facile, ni plus dangereux, que d' « attribuer à cette formation géologique accidentée les propriétés d'une architecture » (XV, 60).

Aux yeux de Valéry, pourtant, le langage a un défaut encore plus grave : celui de nous imposer, que nous le

JUDITH ROBINSON, *L'Analyse de l'esprit dans les Cahiers de Valéry,* Paris, 1963, © Librairie José Corti.

---

[1]. Les chiffres qui suivent les citations renvoient aux numéros des volumes et des pages des *Cahiers*.

voulions ou non, la pensée des autres. Comme il le dit si bien, le langage est « le moyen le plus fort de l'Autrui, — logé en nous-mêmes » (XV, 315). Car, dès le moment où nous cherchons à formuler une idée ou un sentiment qui nous est propre, des mots inventés par autrui viennent insérer entre notre pensée et son expression des notions étrangères. Ils transforment imperceptiblement ce qui était le plus nous-mêmes en ce qui l'est le moins ; ils substituent à notre parole intérieure le langage de tout le monde, c'est-à-dire un langage de seconde main qui n'appartient réellement à personne. Dans un texte caractéristique, Valéry insiste sur l'importance de cette idée :

> La réaction du langage sur la pensée a été beaucoup moins prise en considération que l'action de la pensée confondue avec le langage.
> Je crois et ai enseigné que, dans la plupart des cas, la préexistence des mots et des formes d'un langage donné, appris dès l'enfance, et avec quoi nous avons contracté une intimité si immédiate que nous ne le distinguons pas de notre pensée organisée — car il est en jeu dès qu'elle s'organise, — restreint, dans le germe même, notre production d'esprit, — *l'attire vers les termes qui nous donnent l'illusion d'être les plus clairs* ou *les plus forts*, façonne cette pensée plus qu'elle ne l'exprime — et même la développe dans un autre sens que l'initial (XXIII, 834).

On sent bien dans ce passage que pour Valéry le vice le plus insidieux des mots, c'est d'interposer une barrière artificielle entre l'esprit et les choses, de sorte qu'au lieu de percevoir les choses directement, l'esprit ne les perçoit qu'à travers les mots, et uniquement en fonction des mots. La plupart des hommes, écrit-il, « ne pensent qu'en parole » (V, 490) ; ils se fient infiniment plus aux notions consacrées par le langage — c'est-à-dire par l'usage — qu'à celles, souvent beaucoup plus importantes, qui restent à découvrir en deçà ou au delà de tous les mots familiers.

Cette servitude imposée par le langage établi a deux conséquences. La première, c'est de nous persuader que, si un mot existe, il doit forcément désigner quelque phénomène réel : « Ce n'est pas le rôle des noms d'engendrer les " choses ". Mais il faut avouer qu'abusant de la confiance des hommes qui s'accoutument dès l'enfance à apprendre les noms donnés aux choses, l'esprit les a séduits à admettre qu'une chose devait correspondre à chaque nom » (XXIV, 209). C'est ainsi que le mot « âme », par exemple, et le mot « immortalité », ont fait croire des millions d'hommes à la réalité d'un phénomène peut-être tout à fait imaginaire. Comme le dit Valéry : « Nous pouvons mettre des noms sur les choses, mais défense de mettre des choses sous les noms existants » (IX, 98).

La deuxième conséquence est l'inverse de la première : c'est de nous faire ignorer tout ce qui n'a pas de nom. Notre instinct naturel est de croire que « ce qui ne peut être dit et bien dit n'existe pas » (V, 490). Mais, comme Valéry nous le rappelle souvent, il y a certainement dans l'univers des phénomènes capitaux qui, tout en n'ayant pas de nom, n'en existent pas moins. Et Valéry est convaincu que ceci est particulièrement vrai du monde de l'esprit. Selon lui, nos analyses des opérations mentales ont été embrouillées et dévoyées non seulement par l'existence de certains mots imprécis ou inexacts, mais encore par l'absence de certains autres mots que nous n'avons pas encore inventés.

C'est dans cette critique du langage qu'on peut découvrir le sens le plus profond des nombreuses attaques de Valéry contre la philosophie. Le philosophe classique est à ses yeux le symbole du genre d'esprit qui cherche la « vérité » dans les mots et les combinaisons de mots au lieu de « se remettre en face des choses » (IV, 337) et de les regarder d'un œil vierge : « Nous vivons encore dans et de la scholastique d'origine grecque, de la dialectique et de la forme du " savoir " fondée sur l'analyse du langage commun, *pris à une époque déjà avancée* et pris comme valable en soi, — identifiable à la pensée même — pouvant conduire à la " vérité " par opérations légitimes — ce qui est " impliqué " par les mots, étant dans les choses... » (XVII, 746). Presque tous les problèmes traditionnels de la philosophie sont nés, d'après Valéry, du sentiment qu'il y a au fond des mots quelque secret précieux, quelque trésor de pensée que l'esprit doit essayer de trouver et d'extraire :

Judith Robinson

On arrive à ce curieux état d'étrange difficulté, où on se trouve impuissant non tant devant un phénomène à expliquer que devant un mot qui semble plus contenir que tout ce que l'on pense quand on le pense.
On oublie le rôle uniquement *transitif* des mots, seulement provisoire. On suppose que le mot a un sens, et que ce sens représente un être —, c'est-à-dire que le sens du mot est indépendant de tout et de mon fonctionnement instantané, en particulier (IV, 926).

En d'autres termes, on commet l'erreur fondamentale de prendre le langage, qui n'est qu'un moyen, pour une fin : « Presque toute " philosophie " consiste dans la transformation d'un *mot* qui était un moyen utile, un produit d'utilité, un " expédient " — en un excitant d'arrêt, une résistance, une difficulté, un obstacle — devant lequel piétine indéfiniment le " penseur " » (XXVIII, 349).

C'est ainsi que les philosophes se sont demandé : « Qu'est-ce que l'espace ? » « Qu'est-ce que le temps ? » Ils ont espéré trouver dans ces mots quelque vérité « universelle » qui expliquerait ce qu'ils étaient convenus d'appeler l'« essence » de l'espace ou du temps, sa nature « absolue ». De la même manière, ils se sont demandé : « Qu'est-ce que l'esprit ? » « Qu'est-ce que l'âme ? », et se sont longuement interrogés sur le « vrai sens » de ces deux mots, qu'ils ont entourés d'une sorte d'auréole de mystère. Mais le mot « esprit » et le mot « âme », comme l'indique assez bien leur étymologie, ont été créés il y a très longtemps pour désigner plus ou moins vaguement tout un ensemble de phénomènes que personne, à cette époque-là, n'avait pu ni analyser ni expliquer d'une façon rationnelle. Il est donc parfaitement inutile, aux yeux de Valéry, de chercher dans ces mots si naïfs, si chargés de vieux mythes, la moindre lumière sur les origines ou les mécanismes de la pensée.

Les mots de ce genre semblent à Valéry d'autant plus dénués de sens que le philosophe les considère presque toujours comme des entités indépendantes : « *Le philosophe croit au mot en soi* — et ses problèmes sont des problèmes de *mots en soi*, de mots *qui s'obscurcissent par l'arrêt et l'isolement...* » (XIII, 502). Quand il se demande, comme le faisait saint Augustin, ce que c'est que le « temps », il se pose une question qui, par définition, ne peut pas être résolue. Car, comme le fait remarquer Valéry, « un mot de cette espèce n'a de *sens unique* que dans les expressions, et en composition » (XIII, 806). Autrement dit, si on veut réfléchir sur le temps, il faut commencer par situer ce mot dans un contexte précis, par le rattacher à d'autres concepts, de manière à formuler une question qui signifie réellement quelque chose, comme, par exemple, la question : « Quelles preuves avons-nous de l'existence d'un temps universel ? »

Et nous voici amenés au cœur même de la pensée de Valéry sur le langage. La raison principale pour laquelle il se méfie des mots, c'est justement que les mots créent des questions artificielles. Valéry a fort bien vu qu'une très grande proportion des problèmes intellectuels qui préoccupent les hommes sont en réalité des problèmes illégitimes, d'origine purement linguistique :

Tout se passe pour nous (dans une immense part des cas) comme si le langage ordinaire était une représentation exacte de notre conscience et connaissance.
Nous croyons à des problèmes, à des implications, à des relations réels, qui ne sont que dans sa forme et ses modes donnés (X, 500).

Valéry a fort bien vu aussi que ces pseudo-problèmes naissent toujours, si l'on peut dire, dans la toute première enfance d'une pensée, dès le moment où elle trouve sa première expression verbale. A maintes reprises dans ses *Cahiers*, il revient à l'idée que la plupart des erreurs du philosophe, ainsi que de l'homme ordinaire, dérivent de l'ambiguïté de la forme sous laquelle il pose ses problèmes, de l'imprécision de la terminologie dans laquelle il les énonce : « Philosophie, ou les questions mal posées » (X, 89). D'autres définitions soulignent, parfois cruellement, cette même idée, une des plus fondamentales de la pensée de Valéry : « ... La métaphysique — Réponse savante à des questions naïves » (XI, 116). « La philosophie [...] solutions verbales à des problèmes verbaux » (XIII, 551). « Un problème philosophique est un problème que l'on ne sait pas énoncer » (XIII, 624).

Il s'ensuit que pour Valéry la tâche principale du philosophe doit être d'énoncer les problèmes d'une manière aussi nette et précise que possible. « Peu d'esprits, écrit-il, s'inquiètent d'examiner la question avant de fournir la réponse » (X, 460). La plupart des esprits s'imaginent, au contraire, que c'est la réponse seule qui importe; ils ne voient pas qu'elle est toujours gouvernée par la forme de la question. Si cette forme est obscure ou confuse, il est inévitable que la réponse qui en dépend le soit aussi : « Quel temps il faut pour apercevoir l'idée très simple d'intercaler, entre une question qu'on se donne et une réponse difficultueuse, une transformation de la question en un langage pur — ou mieux en éléments mentaux purs » (II, 493). Avant de se mettre à réfléchir sur un problème intellectuel, on doit donc s'assurer qu'il y a bien un problème à résoudre, que la question qu'on s'est posée est une question logique et légitime : « Ces recherches sur le langage, la signification, la réalité montrent que toute proposition doit être accueillie par la question : A-t-elle un sens ? c'est-à-dire les opérations indiquées sur les éléments donnés sont-elles possibles ? » (II, 789). Or, Valéry a toujours affirmé que, lorsqu'on examine de ce point de vue les propositions classiques des philosophes, on s'aperçoit très souvent qu'elles n'ont précisément aucun sens. « La plupart des probl[èmes] philosophiques, déclare-t-il, sont tels qu'ils s'évanouissent si nous les énonçons » (XI, 265).

Plusieurs passages extrêmement pénétrants des *Cahiers* sont consacrés à un examen du genre de fausse question que, selon Valéry, les philosophes n'auraient jamais dû se poser. Une de ces questions peut être exprimée d'au moins trois façons différentes : « Qu'est-ce que la réalité ? » « Le monde est-il la seule réalité ? » « Le monde est-il une réalité ou une simple illusion ? » Aux yeux de Valéry, des problèmes philosophiques pareils, qui passent pour être tellement profonds, ne sont guère que des enchevêtrements de mots mal définis, des édifices linguistiques instables dans lesquels chaque mot sert d'étai à tous les autres. L'opposition entre la « réalité » et l' « illusion » ou le « rêve » est pour lui un exemple typique de l'emploi très subtil, très savant d'une terminologie complètement vague et qui tourne en rond. Comme il le fait remarquer, le mot « réalité » en lui-même ne signifie rien; une chose ne peut être jugée « réelle » que par rapport à quelque chose ou par opposition à quelque chose : « Si l'on veut conserver le mot : réel, il faut chaque fois, dans chaque cas désigner explicitement des repères, une échelle — un moyen de distinction du réel et du non-réel » (V, 820). Mais dans le fait cette distinction ne peut jamais être établie, étant donné que la notion même que nous avons de la réalité dépend directement et exclusivement de notre expérience du monde : « Parler de la réalité du monde extérieur, c'est vouloir mesurer le mètre étalon. Quelle est la longueur de l'étalon de longueur ? L'instrument qu'on lui applique vient de lui » (VII, 698). Demander si le « réel » apparent n'est qu'un « rêve », cela revient à demander si le monde sensible n'est pas semblable au monde du rêve, « que nous considérons comme dérivé du monde sensible et que nous définissons par celui-ci » (IX, 691).

Le même argument peut s'appliquer, suivant Valéry, à la vieille théorie platonicienne d'après laquelle il existerait quelque réalité « supérieure », « transcendantale » dont la réalité « inférieure » des phénomènes ne serait qu'un pâle reflet :

Les Philosophes anciens étaient parvenus de plusieurs façons à traiter d'apparences tout ce qui est sensible ; mais en général ils supposaient à ces sortes de fantômes quelque « réalité » cachée qui était *Idées,* ou *Lois,* ou *Être* — et qui était soustraite à la relativité de la connaissance sensible. Mais la nécessité de ces objets verbaux est seulement formelle (si elle existe). Et ils ont ce vice d'emprunter au réel — commun, aux *apparences,* le *réel* qu'ils enlèvent aux apparences. Je veux dire qu'il se fait alors cette bizarre substitution : on emprunte au sensible la force ou le sentiment de puissance, d'irrécusabilité des sensations — on le transporte aux essences et aux entités — on le rend indépendant et on rejette aux illusions ce qui le donne et le comporte (XII, 47).

On voit ici avec quelle facilité des problèmes tout à fait illégitimes peuvent naître d'une confiance abusive dans le langage. Le mot « réalité » est un de ceux qui ont toujours fasciné les philosophes ; ils ont senti obscurément que c'était un mot-clé, riche de signification, comme les mots voisins « être » et « existence » :

Judith Robinson

Le doute philosophique (sur l'existence), écrit Valéry, a pour origine l'idée fausse, ou exagérée, que l'on s'est faite de la valeur du mot *existence*. Monstre.

On plaçait dans ce mot une sorte d'infini — Rien n'était assez existant pour exister.

Ce que l'on tirait de ce fait linguistique — le besoin du verbe être pour définir quoi que ce soit — Déification du verbe *être,* voilà la moitié de la philosophie.

On a donné le summum inaccessible de l'importance à cette idole — constitué par une impossibilité de définition (XI, 810 ²).

Cette tendance à « déifier » les mots semble à Valéry particulièrement caractéristique de la philosophie de l'esprit. Et là comme partout ailleurs, elle a créé de nombreuses questions artificielles. La « liberté de l'esprit », par exemple, est devenue au cours des siècles une « idole » tellement sacrée que presque toutes les questions où elle figure ont été formulées de manière à la laisser complètement intacte, à éviter de la mettre tant soit peu en doute.

Comme Valéry le fait observer avec beaucoup de justesse, un très grand nombre de problèmes illégitimes dérivent d'un autre aspect encore du langage : son anthropomorphisme. Nous risquons toujours d'oublier jusqu'à quel point notre langage est pénétré d'attitudes et de préjugés humains qui exercent une influence puissante sur toutes les questions que nous nous posons, une influence d'autant plus puissante qu'elle est le plus souvent cachée. Il serait difficile, par exemple, d'imaginer une question plus typiquement humaine que celle-ci : « Qui a créé le monde? » Le caractère profondément anthropomorphique de cette question se révèle dans la forme même de la phrase, qui donne à entendre dès l'abord que le monde a été effectivement « créé »,

---

2. Le grand Descartes lui-même, à en croire Valéry, s'est laissé prendre au piège quand il a formulé son « Cogito ergo sum ». « L'importance donnée par Desc[artes] à ce *Je suis,* affirme-t-il, n'est pas... *cartésienne* » (XVII, 816). Ces deux petits mots tant commentés sont pour Valéry tout à fait dépourvus de *sens* littéral, bien qu'ils aient certainement une très grande *valeur* symbolique. (Voir XX, 508 : « *Cogito,* etc. — Cela veut dire : *Credo in me. J'ai confiance en moi. Je Puis.* » Cf. *Une vue de Descartes, Œuvres,* Bibliothèque de la Pléiade, vol. I, pp. 824-826.) Sauf indication contraire, toutes les références aux œuvres publiées de Valéry renvoient à cette édition, établie par Jean Hytier.

Valéry

et que de plus il a été créé par un être vivant et pensant, par une divinité qui nous ressemble. Ce que beaucoup d'hommes prennent pour une question n'est en réalité qu'une affirmation indirecte fondée sur une croyance tacite : « Qui a fait le Monde ? Ce n'est pas là une question. C'est un dogme » (VI, 843).

Il en est de même, selon Valéry, de toutes les questions du genre suivant : « Quel est le but de la vie humaine ? » « Que signifient ces myriades d'étoiles qu'on voit la nuit dans le ciel ? » Ici encore, la forme sous laquelle le problème est énoncé présuppose que tous les éléments constitutifs de l'univers ont effectivement un « but », une « signification », et non pas seulement une fonction donnée. Les hommes ont tant l'habitude de faire des choses dans un but particulier, d'agir selon des projets bien déterminés, qu'ils considèrent comme nécessaire que tout ce qui existe a été « fait » aussi, et pour une bonne raison. Ils ont la plus grande peine à concevoir que l'univers puisse être gouverné par des lois purement statistiques, qu'il puisse être ce qu'il est non pas parce qu'une force dirigeante l'a voulu, mais tout simplement parce que telle combinaison de conditions était plus probable que telle autre :

Étoiles. Hasard. — Les choses mêmes nous passent — car, non tant la réponse, mais la question même que nous devions nous poser à leur sujet — et qui se pose *instinctivement* d'elle-même — devant les constellations, les êtres vivants, etc. — ne vaut pas. Il n'y a pas de pourquoi valable en toute circonstance et à l'égard de quoi que ce soit [3].

Durus est hic sermo. — Le pourquoi résulte de conditions, finalement l'homme — l'être particulier pourvu de buts, de significations, et de cette curieuse propriété de distinguer invinciblement l'ordre du désordre, le mécanisme du chaos — de les définir, et de substituer aux êtres et au donné une sorte de zéro et d'amorphe suivi d'une construction en règle et en forme — avec but, connaissance, calculs et actions coordonnées.

L'idée de faire et d'être fait est inséparable de l'esprit humain — donc il la produit toujours, donc il l'introduit à tort presque toujours (IV, 903).

---

3. Cf. XI, 58 : « Les questions que tu poses à cette étendue obscure ne peuvent point être précises. » Inutile de souligner tout ce qui sépare des affirmations de ce genre du cri angoissé de Pascal : « Le silence éternel de ces espaces infinis m'effraie. »

Comme Valéry le dit en d'autres termes :

> La nature n'est qu'une pratique.
> Nous ne pouvons nous empêcher de vouloir y voir une théorie (XIX, 152).

La même erreur se retrouve à la base de toutes les questions concernant la finalité. Et dans ce domaine aussi, c'est la structure du langage qui fait naître des problèmes artificiels :

> Les philosophes n'ayant pas compris la nature transitive du langage, simple moyen de transmission et transformation, ont eu peur des *idoles* qui sont engendrées précisément par l'ignorance de ce caractère ou essence instantanée. Et ils ont, par exemple, été embarrassés par des questions comme celle de la finalité, laquelle est éclaircie quand on considère cette finalité comme un *expédient d'expression,* d'ailleurs inévitable. Nous n'avons que le *modèle : « Action prévue et voulue pour atteindre tel but »* (fourni par notre expérience continuelle) pour nous exprimer la concordance de circonstances et de caractères ou de choses, en lesquels nous décomposons un phénomène, et le *décomposons* justement *comme nous le pouvons,* selon notre type, de manière que le reconstituant en expression, nous nous retrouvons (XXIV, 745).

C'est ainsi que, devant le mécanisme merveilleux de la vision, les hommes s'écrient naïvement : « Quel organe admirable que l'œil ! Que c'est étonnant de voir l'intelligence avec laquelle cet instrument si ingénieux a été adapté à sa fin ! » Comme l'écrit Valéry : « On dit : l'œil est *fait* pour voir, — au lieu de dire qu'il est condition de la vision » (VII, 198).

Cette attitude anthropomorphique dont la philosophie est si profondément imprégnée se fait sentir avec une force particulière, selon Valéry, dans la philosophie de l'esprit. Elle s'y trouve doublée, d'ailleurs, d'une attitude étrangement anthropocentrique. Comme Valéry le rappelle souvent, presque toutes les questions que les philosophes classiques se posaient à propos de l'esprit partaient de l'idée implicite que la pensée humaine occupe une place privilégiée dans l'univers, et même que l'univers trouve en elle sa raison d'être. Elles reposaient aussi sur la conviction que cette pensée appartient à un ordre de réalité tout à fait différent de celui des « choses matérielles », et nettement supérieur à lui. De là sont nés une bonne moitié des problèmes illégitimes qui continuent à embrouiller nos idées sur la nature des phénomènes mentaux.

Il est donc clair qu'aux yeux de Valéry l'effort principal de l'analyste de l'esprit doit consister en premier lieu à éliminer de ses réflexions tous les faux problèmes qu'il a hérités du passé, tous les problèmes d'origine verbale. Autrement dit, son travail doit être d'abord un travail de purification des mots et des idées : « Mon principe le plus important a été de séparer aussi profondément que j'ai pu la *fausse* pensée de la réelle. — Ce qui se fait en suivant le réel le long de la fausse notation » (II, 780[4]). Pour découvrir cette pensée « réelle », il importe avant tout de « ne pas accepter des questions que l'on n'eût pas inventées » (XII, 161) ; il faut avoir le courage, et l'honnêteté intellectuelle, de se dire devant les problèmes traditionnels de la philosophie : « Ces problèmes-là me sont étrangers ; ce ne sont pas les miens. » Selon l'expression de Valéry, on doit savoir commencer non seulement par *le* commencement mais par *son* commencement[5] :

Nous sommes obligés avant d'aborder notre tâche propre, nous *modernes* (c'est-à-dire successeurs, héritiers, et gênés par nos biens, ou plutôt, par *la diversité incohérente* de nos biens hérités)

1º de nous défaire des notions, problèmes, etc., que nous ne ressentons plus, des dettes contractées par d'autres — *Table rase* de la croyance à ces quæstiones

2º de nous refaire des yeux qui voient ce qui est à voir, et non ce qui a été vu (XX, 436).

Ce n'est qu'après avoir terminé ce travail préliminaire que Valéry se met à poser des questions nouvelles qui lui semblent de vraies questions. Et il est significatif de remarquer que pour lui l'essentiel est beaucoup moins de répondre à ces questions que de les poser avec

---

4. Cf. le passage bien connu de *Poésie et Pensée abstraite* : « En toute question, et avant tout examen sur le fond, je regarde au langage ; j'ai coutume de procéder à la mode des chirurgiens qui purifient d'abord leurs mains et préparent leur champ opératoire. C'est ce que j'appelle le nettoyage de la *situation verbale* » (*Œuvres*, Vol. I, p. 1316). Cf. XII. 867.

5. *Ibid.*, p. 1316.

précision. Comme il l'écrit lui-même en termes très nets : « Quant à moi, j'ai passé ma vie à chercher des *énoncés* et non des *solutions* » (XIII, 663). On est toujours beaucoup trop pressé, d'après Valéry, de « résoudre » les problèmes, d' « expliquer », par exemple, comment l'esprit arrive à s'unir au corps ; alors qu'on ferait bien mieux de se demander préalablement si ce problème de l'union de l'esprit et du corps est vraiment légitime : « Il ne faut pas se préoccuper des solutions mais des positions. Ne jamais se hâter de résoudre mais approfondir et déterminer la difficulté — la tailler comme un diamant — la faire éclatante et pure. De sorte que tout le groupe des aspects intellectuels roule sur quelques points durs, d'autant plus durs et brillants qu'on en réduit le nombre » (II, 574).

Walter Ince

4. [RÉSURGENCES DU *MYSTICISME*...]

> À partir d'une certaine lecture des *Cahiers,* M. Ince montre, autour des concepts de « réel », « être » et « connaître », que l'effort de Valéry vers une pure rationalité rencontre des difficultés qu'il ne parvient pas à réduire.

On sait que Valéry avait l'habitude d'aborder un problème donné par ce qu'il appelait « le nettoyage de la situation verbale ». Depuis la publication de ses *Cahiers,* nous avons moins tendance à considérer ce sceptique obstiné comme un métaphysicien. Il se vante d'être le dernier des hommes à se payer de mots ; la méfiance du langage et de la philosophie traditionnelle apparaît comme un de ses traits les plus constants et les plus importants. Son grief essentiel à l'égard des méta-

WALTER INCE, « Être, Connaître et Mysticisme du réel chez Paul Valéry », in *Entretiens sur Valéry* [Cerisy 1965], © Mouton, Paris-La Haye, 1968.

physiciens vient de ce qu'ils ont traité le langage, qui est expédient, qui est moyen éminemment transitif, comme substance et comme fin en soi ; ils l'ont questionné et torturé en pure perte au lieu d'avoir recours aux contextes dans lesquels les mots sont employés, au lieu de sortir d'un cercle vicieux pour analyser les actes et les fonctionnements qui déterminent l'emploi des mots. Pour le mot « connaître » Valéry fait preuve sans doute d'une certaine indulgence, mais rien d'étonnant à ce que son attitude pratique et empirique à l'égard du langage s'applique spécifiquement et assez durement aux deux autres mots de notre titre. Voici quelques exemples de la manière dont il éreinte le mot « être » : « Être — Métaph[ysique] — C'est prendre pour réalité ce qui n'est que la propriété d'un système de notations[1]. » « " Être " isolément employé signifie tout au plus : Comparable à... (par exemple à une chose prise *alors* pour étalon)[2]. » « Cogito — Il faut confesser, monsieur des Cartes, que dire : *Je suis,* c'est ne dire absolument rien[3]. » « Les mots *exister,* ou *être,* sont vagues. " Je suis " sans attribut n'a absolument aucun sens[4]. » Selon Valéry, c'est le mot « être » qui, plus que tout autre, rend l'homme coupable de créer de fausses idoles : « déification du verbe *être,* voilà la moitié de la philosophie[5] ». Sous la rubrique « être », il fait l'analyse suivante : « Le premier pas dans les propositions est celui-ci : *Ceci* (geste) est un M. (nom). Mais c'est là un *événement :* Le geste *simultané* avec l'énoncé du *mot* — Deux actes, et les domaines *voie* et *vue* — *Tact* qui s'entrecoupent. On n'y saurait trop insister... Et enfin (et surtout) admirer le rôle de *EST,* qui opère la *consubstantiation* — c'est le prêtre qui consacre ce mariage. D'où bien des conséquences ! Croyance à la chose. Croyance à la vertu du langage, à l'action par le nom sur la chose, etc.[6] » Ainsi règle-t-il le compte du mot « être », fauteur de mythes, de pseudo-problèmes et de verbalisme impuissant.

Même attitude et même impatience envers le mot « réel » ou le mot « réalité » : « Réalité, liberté, et autres

---

1. *Cahiers,* t. XII, p. 572.
2. T. XIX, p. 208.
3. T. XIX, p. 375.
4. T. XIX, p. 538.
5. T. XI, p. 810.
6. T. XX, p. 277.

thèmes de philosophes, me semblent obtenus (en tant que traditionnels aiguillons de la pensée *impure* spéculative) par négligence de leur condition observable — et de leur entrée en jeu dans l'esprit. — Or ce sont des produits de réaction ou des compléments qui s'introduisent pour exprimer (tant bien que mal) des *contrastes*. Il en est de même de tous ces termes qui ont de commun le fait d'être indéfinissables dès que l'on oublie la condition initiale, et qu'on leur croit une signification propre et indépendante. Croyance due à l'existence verbale, qui *substantifie* ce qui n'a pas de quoi vivre par soi. On prend alors pour fondé en soi ce qui n'est qu'une réponse inséparable de la demande[7]. » Fidèle au programme auquel, dès ses jeunes années, il s'était voué, à savoir d'étudier des fonctionnements et des rapports, il ne se lasse pas de répéter que le mot « réalité » est surtout employé par contraste : « Le terme *Réel* comme le terme *Hasard* ne s'introduisent qu'à l'occasion de certains *contrastes* — jamais sans contrastes... — Les philosophes se sont mis à l'édifier *en soi,* et donc furent conduits à en disposer, à négliger l'observation des cas où ce terme est utilisable, sinon nécessaire[8]. » Au sens le plus large, la signification que le terme a acquise par l'usage est celle d'un rapport entre le moi et le reste : c'est ce que Valéry indique dans ces phrases laconiques : « C'est une relation réciproque. Rien de plus. Il y a autre chose que moi, s'il y a moi, et réciproquement[9]. » Pratiquement, pour la plupart des gens, le terme « réel » représente un certain étalon fourni par les sensations de contact[10], de sorte que « *réel* signifie exactement : qui a les mêmes propriétés de résistance, constance, figure nette, qu'un corps solide[11] ». Valéry ne dédaigne pas le mot quand il est employé dans de tels contextes quotidiens. Il n'hésite pas à affirmer qu' « en vérité, le mot *réel* est défini chaque fois par le contexte[12] ». Il ne peut être question pour nous aujourd'hui d'étudier toutes les significations que Valéry essaie de déceler dans ses nombreux contextes. L'important pour notre propos actuel est qu'il déclare caté-

---

7. T. XIX, p. 217.
8. T. XIX, p. 161.
9. T. VII, p. 31.
10. T. XIX, p. 848.
11. T. IX, p. 870.
12. T. XI, p. 403.

Valéry

goriquement que « nous n'avons aucun besoin d'une notion générale du " réel ", etc. — laquelle ne répond qu'à une demande scolaire, dialectique [13] ».

[...] « Le réel est informe [14] », note-t-il. Il est instabilité, désordre, absence de sens : « Rien n'est stable, rien n'a de signification — c'est là le *réel* — le réel n'a point de signification. Toute signification exige un certain point de vue [15]. » « Le réel est dépourvu de toute signification et capable de les assumer toutes [16]. » « Car cela est le *vrai réel* que nous ne pouvons tenir pour un signe, une image, une figure, un tenant-lieu-d'autre chose [17]. » Le thème du désordre de la sensibilité et, par suite, du besoin de la maîtriser, est très familier à tout lecteur de Valéry. Quand il analyse le réel, il lui attribue les traits de ce qu'il appelle la sensibilité, précisément parce qu'il suppose que c'est par le sensible que le réel s'incorpore à nous : « la réalité, *en tant que sensible,* n'est qu'une diversité *infinie* de sollicitations sans aucune unité (si ce n'est d'être *sensible*) ni continuité, ni loi [18] ». L'homme ainsi assiégé apprend vite à fonder son critère de l'objectivité sur la puissance même des sollicitations qu'il reçoit. Les mots de surabondance et de saturation reviennent fréquemment sous la plume de Valéry : « Réel, par définition, est ce qui sature le besoin mental [19]. » « Le réel est le résultat d'une sorte de mesure ou d'évaluation dont l'*unité* est un objet qui *sature* tous mes sens. On pourrait le déposer au bureau de Meudon. Tout objet qui sature tous mes sens, *existe indépendamment* d'eux et de moi [20]. » « Le réel est le *complet* — ce qui sature toutes les valences de la molécule perception [21]. » « Réel ou propriété de ce qui sature nos sens [22]. » « Le réel est surabondant, par essence [23]. » Il s'ensuit donc que, pour lui, le réel est ce qui, par définition, l'emporte toujours sur toute tentative de formulation ou de compréhension complète. Nous comprenons mieux maintenant combien les découvertes récentes de la science avaient affermi en lui cette croyance en la nature inépuisable de la

---

13. T. XX, p. 16.
14. T. IX, p. 807.
15. T. IX, p. 553.
16. T. IX, p. 615.
17. T. XIX, p. 758.
18. T. XIX, p. 117.
19. T. X, p. 390.
20. T. X, p. 897.
21. T. XI, p. 808.
22. T. XII, p. 864.
23. T. XIX, p. 84.

réalité : « L'idée cachée ou le vouloir caché dans la notion de *réalité* est celle-ci : il y a quelque chose de plus dans toute chose *réelle* que la perception la plus nette et la plus complète n'en fait voir. Et donc ce *quid* est inaltérable par les vicissitudes de la perception. Nulle perception ne l'épuise[24]. » « On dira d'une chose qu'elle est *réelle* quand on pourra toujours la considérer sous un point de vue nouveau, toujours la développer en une infinité de termes[25]. » « Est réel ce qui a résisté à tous les changements d'observateur, d'époque, d'épreuve — d'accommodation[26]. » D'où l'affirmation que le réel reste foncièrement inconnaissable[27].

J'ai déjà fait remarquer que cette vue de la réalité laisse inévitablement pressentir en partie la nature de la connaissance selon Valéry. Lui, qui a profondément compris l'immense portée des théories de la relativité, ne croit pas à la séparation classique du sujet et de l'objet, pas plus qu'il ne croit à l'existence de deux entités distinctes, matière et esprit. Il s'agit d'un tout qu'on peut et qu'on doit examiner de divers points de vue ; il y a interaction et l'un crée en quelque sorte l'autre. Cela rend d'autant plus essentielle à ses yeux l'étude de la connaissance comme fonctionnement, avec ses cycles, ses phases, son « système fermé[28] », comme il l'appelle : « La " connaissance " est un fonctionnement avec ses modalités et ses vicissitudes comme les autres. Et donc son " contenu " — le " monde ", le temps, le dieu, etc., sont des effets de ce fonctionnement et en portent les conditions qu'il s'agit de mettre en évidence. L'idolâtrie (entendez bien les idées périmées d'un âge révolu, que ce soit en philosophie, religion, science ou psychologie) consiste à ne pas les voir ou à ne pas les chercher[29]. » Selon lui, l'une des conditions les plus curieuses et cependant des plus essentielles au fonctionnement efficace de la connaissance est que les moyens mêmes et surtout les moyens organiques ou corporels de ce fonctionnement n'en soient perçus ni par introspection, ni par maladie : « Toute connaissance exige la disparition actuelle de sa nature

---

24. T. XI, p. 188.
25. T. XII, p. 154.
26. T. XII, p. 697.

27. T. IX, p. 807.
28. T. IX, p. 488.
29. T. XX, p. 317.

fonctionnelle, ou du moins le départ des deux. La connaissance se trouble à mesure que les *termes* fonctionnels se font sensibles et actifs sensiblement[30]. » Si la conscience que nous avons des organes par lesquels nous percevons et connaissons dépasse un certain stade, l'opération de la connaissance en est gênée. Ce danger, comme l'on sait, n'est pas étranger à certaines réflexions de Monsieur Teste ; d'une façon générale, il nous avertit combien le fonctionnement de la connaissance est précaire : « Le " monde extérieur " est l'ensemble qui ne nous donne aucun effort pour se proposer, ni pour *durer* (en tant qu'ensemble d'*existence*). Il repose donc sur la non-sensibilité du travail de notre fonction de percevoir (de nos *sens*) qui est en jeu[31]. » Valéry revient souvent à certaines images préférées, comme celle de l'homme qui fonctionne efficacement en tant que machine, ou bien, tout au contraire, celle de l'homme tourmenté par ce qu'il appelle son psychisme toutes les fois que sa « machine » marche mal et que son fonctionnement devient perceptible. Ainsi, avec une hardiesse qui cadre bien avec son parti pris de considérer l'homme pour ainsi dire thermodynamiquement, il va jusqu'à affirmer que « les émotions sont dues à des *insuffisances* dans le fonctionnement des organes ou de moyens de diffusion ou d'amortissement ou de dissipation des énergies d'origine *significative* — ou quasi significative (sym-pathie). — On ne peut pas " rayonner " assez d'énergie par seconde, alors les organes de la vie constante sont affectés par trop-plein ou par déficience et se troublent dans leurs rythmes, ou reçoivent *brusquement* des éclats, arrêts, etc. Formes oscillatoires[32]. » Nous verrons que de telles perturbations ont un rapport assez étroit avec ce que j'ai appelé le mysticisme du réel chez Valéry.

C'est le réel qui nous fournit le matériel de notre connaissance et qui la règle par l'intermédiaire du sensible, c'est en même temps nous qui créons cette connaissance par l'élaboration de ce que nous recevons. Et puisque « réel » et « environnement » ou « réel » et soi-disant « monde extérieur » ne sont pas tout à fait syno-

---

30. T. XI, p. 676.
31. T. XX, p. 376.

32. T. X, p. 490.

nymes, il est bien évident que le corps et l'esprit lui-même font partie de ce réel, quels que soient les problèmes ainsi soulevés. Réalité et connaissance ne sont donc pas séparables si on cherche à comprendre leur fonctionnement. Et cependant, un autre trait essentiel de ce fonctionnement est que notre connaissance du réel est nécessairement incomplète. Aussi Valéry soutient-il que « la possibilité de la connaissance est liée à une simplification, à une réduction extrême. Elle n'est possible qu'étant partielle, incomplète, événement [33] ». Revenant à sa notion du réel comme ce qui est toujours surabondant, il fait observer que « le réel est un certain *maximum*. Ses dégradations sont ces apparences incomplètes dont l'incomplet même permet la pensée. Penser, c'est utiliser la liberté que nous laisse l'incomplet de nos représentations. Je puis penser à faire ceci, à sortir, à manger, parce que le sortir et le manger que je pense ne sont pas de mêmes *dimensions* que le vrai sortir et le vrai manger. Je puis imaginer une chose parce que cette chose est autre que la vraie. Penser est la combinaison par orientations, de diminutions de perceptions [34]. » Cette distinction entre la réalité et la pensée ou entre la réalité et la connaissance est si fondamentale pour Valéry qu'il est très souvent amené à la souligner par des formulations énergiques : ainsi, parlant de « cet incomplet essentiel à la " connaissance " », il déclare que « *Connaître exige que l'on ignore ce qu'il faut* pour pouvoir répondre *quelque réponse*. Toute connaissance exclut l'inépuisable. Celui qui est stupéfié, déconcerté, est en présence du *réel*. Il n'a pas assez de mains pour saisir tout ce qui vient — et " agir ". Il ne peut ni annuler ni résoudre [35]. » On le voit bien, dans la mesure où les notions d' « être » et de « réel » se recouvrent, nous effleurons déjà un certain mysticisme du réel.

[...] On apprécie sans peine les problèmes devant lesquels Valéry se trouve placé quand il aborde le sujet de l' « être ». Comment définir ou décrire ce qui, par sa nature même, tend à échapper à l'intellect ? Il faudrait revenir, sciemment, à un état où on ne sait rien, et,

---

33. T. IX, p. 757.
34. T. X, p. 699. Voir aussi t. XX, p. 733.
35. T. XX, p. 252.

Valéry

paradoxalement, sans perdre la faculté d'attention et d'analyse : « Le réel est dépourvu de toute signification et capable de les assumer toutes. Voir vrai — c'est — si l'on peut — voir insignifiant, voir informe. — La chose en soi n'a que l'être [36]. » Il y a des moments où Valéry semble, en cette matière, se résigner à la défaite de l'esprit analytique : « Plaisir et douleur sont " indéfinissables " par la bonne raison que définition est *action,* tandis qu'ils sont des éléments possibles d'action. On ne peut les approcher par l'esprit que par là : en observant qu'ils excitent des actions qui tendent à produire et reproduire ou accroître l'un; à diminuer, ou abolir l'autre. — Il n'y a d'ailleurs aucun intérêt à raisonner sur ces sensations d'*ordre général,* c'est-à-dire engageant tout l'être — puisque tout raisonnement est moyen d'un *savoir* et *qu'il n'y a pas de savoir quant aux sensations en soi.* Aucun savoir n'augmente ma connaissance du chaud, ou du rouge, ni du plaisir ou de la douleur. Ce ne sont qu'expériences directes et irréductibles [37]. » Et cependant, comme nous le verrons bientôt, il sait quelquefois décrire son expérience de cette sorte de substance irréductible qu'est l'être, il sait même raisonner suffisamment sur cette expérience pour en augmenter un peu la connaissance qu'il en a. En tout cas, quoi qu'il en dise, d'autres remarques des *Cahiers* nous fournissent une représentation assez claire de sa conception de l'être. Pour lui, les mots « réalité » et « être » tendent très souvent à signifier la même chose dans la mesure où ils expriment ce dont le connaître se distingue; l'être se relie surtout au sensible qui nous envahit. Comme le réel, l'être implique absence d'ordre, diversité infinie et saturante, phase ou état où les sensations et les perceptions sont si surabondantes qu'il ne peut être question de les intégrer à des fins utilitaires. Les sensations ou perceptions ont alors leur importance en soi qui nous occupe entièrement : « Si nous faisons abstraction complète de ce qui est adjoint à la vision, nous pouvons toujours considérer ce qui est reçu de l'expérience immédiate comme un désordre et une multiplicité de choses privées-de-signification, *isolées,* infranchissables, sans issue, sans relations, muettes —

---

36. T. IX, p. 615.   37. T. XIX, p. 449.

L'être
ainsi toute connaissance se doit figurer par une coordination plus ou moins riche
et quand nous prétendons remonter du connaître vers l'être nous prétendons couper ces liaisons — revenir au *point de signification nulle,* de non-monde, de non-moi [38].» Valéry signale souvent que la non-rationalité de l'être se trahit non seulement par le manque de schémas et d'intentions mais aussi par l'absence de temps, si paradoxal que cela puisse paraître. Plus nous approchons de l'être pur, plus nous sommes près de l'éternel présent ; c'est ce que nous pouvons conclure quand il note que « le présent est la durée du non-temps [39] » ou, plus hardiment encore, « le Présent est ce en quoi le Moi est " hors du temps " [40] ». Dans une formule qui ne déplairait pas à un disciple du Zen, il soutient que « Tout moment est *d'autre part* une sorte d'objet unique — Tout moment est le seul?... Cette contradiction est la forme du *temps* [41]. » Vie spontanée soustraite à l'intellectualité, l'être constitue un monde saturé de présent ou d'infini, monde qui semble ne se rattacher à rien, expérience pure, pour employer un « perroquet » cher à Valéry. Il est amené à forger des alliances de mots assez maladroites pour donner quelque idée de la réalité ressentie comme être : « Le *transitif* (entendez surtout ce qui relève du connaître) est ce qui ne peut prendre la stabilité totale et le complet du *réel-sensible* [42]. » Et trois pages plus loin, il parle du « réel-sensible-présent [43] ».

[...] L'antagonisme de l'être et du connaître demeure donc une des constantes de la pensée de Valéry. Nous savons qu'une de ses vues les plus chères, partout notée dans ses *Cahiers* aussi bien que dans les cours de poétique qu'il donna au Collège de France, est que l'activité de notre cerveau se situe toujours par rapport à la fameuse trinité — Corps, Monde, Esprit. À un moment donné, l'un des trois nous occupe davantage que les deux autres. C'est cette vue autant que sa notion du réel et de l'antagonisme de l'être et du connaître qu'il exprime

---

38. T. XI, p. 425.
39. T. XII, p. 633.
40. T. XII, p. 638.
41. T. XX, p. 166.
42. T. XX, p. 482.
43. T. XX, p. 485.

lorsque, se fiant à sa propre expérience et à son étude de son propre fonctionnement, il constate tout simplement et tout empiriquement que « tout est choses; ou bien, tout est connaissance et pensée — le sentiment oscille entre ces deux sentiments exclusifs qui s'imposent suivant les moments, c'est-à-dire suivant des circonstances qui ne sont choses ni pensées — et que l'on rapporte, peut-être nécessairement, à une troisième essence — cachée et soupçonnée — qui doit être *la vie du corps* [44] ».

Il me semble que les explications du réel et de l'être que j'ai rapportées révèlent déjà une part considérable de mysticisme. Comment considérer autrement leurs traits essentiels — impossibilité de description et cependant confiance que réel et être existent, manque de « signification », surabondance inépuisable, impression d'éternité, ou, du moins, oubli du temps? Pour vous faire voir davantage cet élément mystique, je voudrais donner deux exemples seulement, pris dans les *Cahiers* mêmes, de l'expérience du réel assez proche de l'état pur. Un jour de 1926, assis devant son cahier ouvert, Valéry écoute le chant d'un oiseau. Il écrit : « J'écoute l'oiseau invisible dans la structure dorée, sombre, immobile de ce que je vois du parc. J'écoute, j'écoute, et ce que j'écoute — une fois dépassée l'idée de chant d'oiseau — et les comparaisons, etc., et tout ce qui voudrait se substituer, aller outre — et je ne trouve que l'inexplicable en soi, le bruit, la sensation impénétrable... comme une couleur [45]. » En 1927, à Grasse, encore une fois devant son cahier ouvert et à son heure préférée, l'aurore, il décrit son expérience mystique du réel : « A l'aurore. Ce cyprès *offre*. Cette maison dorée apparaît — que *fait*-elle ? Elle se *construit* à *chaque instant*. — Ces monts se soulèvent et ces arbres semblent offrir et attendre. Sous la lumière naissante, tout chante et les choses divisées de l'ombre désignant la direction du soleil sont unisson... Comme je sens à cette heure... *la profondeur de l'apparence* (je ne sais l'exprimer) et c'est ceci qui est poésie. (Remarquons bien cette constatation.) Quel étonnement muet que tout soit et que moi je sois. Ce que l'on voit alors prend valeur symbolique du

---

44. T. IX, p. 853.   45. T. XI, p. 662.

total des choses [46]. » La plénitude d'une expérience en quelque sorte hors du temps est à tel point saturante que Valéry n'est pas loin de voir l'éternité dans un instant et l'univers entier dans quelques mètres carrés. [...] Voici un passage qui décrit le bonheur comme étant essentiellement jouissance de l'être dans un système fermé d'échanges sans gaspillage entre l'homme et son « fonctionnement d'ensemble » et entre l'homme et son milieu : « Le *bonheur* est l'état de la jouissance d'exister — (en soi). Le plaisir généralisé à l'entière étendue du domaine actuel d'existence, domaine qui comporte *son* passé et *son* avenir, ici contentement d'une part, espoir très intense de l'autre. Jouir par le seul sentiment de l'existence et le Soi réduit à ce qu'il faut pour supporter, réfléchir, renvoyer purement aux dieux l'ensemble de circonstances concertées qui comblent les besoins — avec ce qu'il faut aussi pour que nulle inquiétude, nul regret, nul pli, nulle déchirure ne soit sensible. Échange entre l'appétit et sa nourriture [47]. » Il y a des ressemblances frappantes, non seulement d'idées mais de terminologie, entre ce passage et ceux où le vieux Faust de Valéry célèbre la manière dont il est « le présent même, [sa] personne épousant exactement [sa] présence, en échange parfait avec quoi qu'il arrive [48] ». Il me semble que ces expériences du réel à l'état presque pur contiennent juste assez de pensée, assez de connaître et assez de conscience pour que Valéry puisse les apprécier, c'est-à-dire pour qu'il puisse « jouir par le seul sentiment de l'existence et le Soi réduit à ce qu'il faut » pour assurer cette jouissance. L'immédiateté est notée dans les deux citations (« l'entière étendue du domaine actuel d'existence » et « le présent même »). L'expérience du réel à l'état tout à fait pur ne se prêterait à aucune description (cette idée, elle-même mystique, est exprimée par l'Eryximaque de *L'Âme et la danse* quand il nous dit que « le réel, à l'état pur, arrête instantanément le cœur [49] »); afin qu'une description soit possible, l'intellection chez Valéry doit être telle qu'il puisse réfléchir à l'expérience,

---

46. T. XII, pp. 189, 190.   47. T. X, p. 875.
48. *Mon Faust, Œuvres complètes,* t. II, p. 321.
49. *Œuvres complètes,* t. II, p. 168.

Valéry

si maladroitement insuffisantes que soient parfois ces réflexions et si inexplicable et si irrationnelle que reste, au fond, l'expérience même. Nous devons sans doute entendre que l'abîme entre l'être et le connaître peut ou doit être comblé de différentes façons ou, pour ainsi dire, à des niveaux différents, suivant la nature, la complexité et l'état de la personne en question. Il arrive à cette personne exceptionnellement riche d'esprit et de sensibilité que fut Valéry d'échapper au dilemme que représente l'antagonisme du connaître et de l'être par des expériences qui fusionnent les deux, expériences qui témoignent des richesses spirituelles de celui qui les éprouve. Et il y a de quoi nous persuader que notre conclusion était partagée par Valéry lui-même, lui qui célébra la création artistique parce qu'elle comble l'abîme entre l'être et le connaître, lui qui, sur le tard, s'intéressa si vivement à la poésie de saint Jean de la Croix. Valéry définit la mystique : « seule chance illusoire de contact entre l'être et le connaître [50] » et encore : « confusion de l'être et du connaître [51] ». Il nous semble bien que cette union ou cette confusion, il l'a recherchée, ou du moins, qu'il l'a souvent trouvée et qu'il en a tiré un bonheur intense.

Si on essaie d'approfondir davantage, on croit discerner d'intéressants rapports entre le mysticisme du réel chez Valéry et ses idées sur l'expérience poétique, surtout en tant qu'« état chantant » ou en tant qu'« infini esthétique », ce monde fermé, autonome, d'interactions de l'intellect et de la sensibilité qui ne cesse de se recréer lui-même. Rappelons-nous les traits dominants de l'« infini esthétique ». Avant tout, ce terme désigne la jouissance, pour elles-mêmes, de sensations et de perceptions qui d'habitude s'amortissent et disparaissent très vite une fois qu'elles subissent l'« acte classificateur [52] » de l'intellect (elles deviennent alors utiles ou utilitaires, assumant la fonction transitive de signe). Voici l'une des nombreuses explications que Valéry donne de ce trait essentiel de l'« infini esthétique ». Notons comment les dernières phrases en particulier pourraient aussi bien décrire l'expérience du réel selon

---

50. *Cahiers*, t. IX, p. 485.   51. T. IX, p. 793.
52. *Analecta, Œuvres complètes*, t. II, p. 740.

lui : « *Poétique*. L'usage des sens par les arts. — L'œil apprécie couleur et proportions et entre dans la voie esthétique — c'est-à-dire de la *reprise* désirée de ce qu'il perçoit — par une dérivation de la perception de la reconnaissance. Car celle-ci suffit pour le besoin. — Donc ce qui se réduit à un minimum dans l'*utilité* visuelle, devient *maximum* dans la dérivation esthétique... Les *choses vues y perdent leur signification.* — *Un arbre n'est plus un arbre,* ne se rattache plus à " Tous les arbres ". — Il est un phénomène absolument *Singulier,* sans nom, tache et modelé. Incomparable, si ce n'est à des taches et modelés. *On ne sait rien de lui si ce n'est ce qu'on voit* [53]. » Dans ses théories, « infini esthétique » implique toujours le contrôle de l'intellectualité et de la signification. On se souvient de son image du pendule poétique qui doit toujours, autant que possible, rester entre les deux extrêmes de la pensée et du chant pour créer cette « hésitation prolongée entre le son et le sens [54] » qu'est la poésie. N'y a-t-il pas là comme un équivalent de l'expérience mystique du réel tel que Valéry le décrit? Il conseille à un correspondant de « ne pas trop croire à la distinction classique ou scolastique que l'on fait entre l'intelligible et le sensible. *Cette non-distinction est précisément le principe même de l'art* [55] ». Il oublie de dire avec quelle rigueur lui-même distingue d'habitude dans ses raisonnements entre l'intelligible et le sensible justement dans la mesure où il croit que leur union est le trait essentiel de l'expérience artistique. Selon lui, « l'impression de Beauté, si follement cherchée, si vainement définie, est peut-être le sentiment d'une impossibilité de variation, de changement virtuel : un état limite tel que toute variation le rende trop sensitif d'une part, trop intellectuel de l'autre [56] » ; il semble bien qu'il n'y ait que l'art, et la poésie en particulier, qui puisse exprimer d'une façon adéquate cette fusion précaire de l'être et du connaître que nous avons déjà examinée en tant que mysticisme du réel. Dans une note de 1919 et donc — chose curieuse — après l'achè-

---

53. *Cahiers,* t. XX, p. 231.
54. *Rhumbs, Œuvres complètes,* t. II, p. 637.
55. T. VII, p. 216.
56. T. VII, p. 70.

vement de *La Jeune Parque* et d'autres poèmes de *Charmes,* Valéry nous confirme dans notre hypothèse : « Je n'ai encore rien fait. J'ai effleuré — mais non fait, non *dessiné* ce qui m'a le plus frappé : la composition de l'être avec le connaître, ces résultantes profondes, le plus grand objet de l'art [57]. »

Il y a encore d'autres traits de l' « infini esthétique » qui ressemblent beaucoup à ceux qui, nous l'avons vu, caractérisent le mysticisme du réel selon Valéry, à savoir, intensité, surabondance ou saturation qui fournit un état de jouissance exceptionnel. Il y a aussi un autre trait commun : l'absence de temps ; dans les deux expériences, nous sommes dans un immédiat, dans un présent éternel et délectable. Finalement, remarquons que l' « infini esthétique » est également envisagé comme un monde fermé, « monde conservatif à relations à distance de temps, à récupération, à *excitations entretenues* [58] ». Les mêmes idées et jusqu'aux mêmes termes reviennent sous la plume de Valéry car il constate que, en poésie comme en peinture, l' « infini esthétique » institue « un système oscillatoire, un équilibre alternatif... entre la valeur *signe* et la valeur *substantielle* (ou actuelle), un échange stable — le *voir* et le *savoir* (ou le *comprendre*) se répondant et se régénérant l'un l'autre [59] ». En poésie, il s'agit de « son et sens en échange devenu réciproque, de valeur égale — ... *réception-production* devenues *symétriques* [60] ». Les perturbations intérieures de l'homme que l' « infini esthétique » met en branle et harmonise s'associent aux émotions et à l'abondante dépense d'énergie qui caractérisent la jouissance esthétique. Il faut cependant avouer que lorsque Valéry touche à ces questions physiologiques d'énergie et de fonctionnement intérieur, il demeure en dernière analyse assez vague. Mais il est certain que, dans sa pensée, la notion d' « infini esthétique » ou de poésie (pour lui, les deux termes sont quelquefois interchangeables) a une portée bien plus grande qu'on ne le soupçonne à première vue. Elle opère non seulement dans l'expérience de la peinture et de la poésie, mais d'une façon générale dans le « fonctionnement d'ensemble » de l'homme. Quand

---

57. T. VII, p. 581.
58. T. XII, p. 579.
59. T. XIX, p. 440.
60. T. XI, p. 744.

on s'approche des phases extrêmes de l'être et du connaître, on est sur la voie de l'« infini esthétique ». Par rapport à la durée ordinaire, l'« infini esthétique » est déjà une durée moins commune et toute particulière ; peut-être doit-on le regarder comme la meilleure approximation dans la durée de l'expérience mystique ressentie dans l'immédiat?

Pierre-Olivier Walzer
5. [VALEURS DE L'*ÉROTISME*...]

> Le visage de Valéry en face duquel s'est placé M. Walzer n'est ni plus « vrai », ni plus « profond » que celui du passionné d'intelligence, ou d'intellectualité, sur lequel on s'attarde volontiers : tout aussi essentiel, pôle complémentaire de sa volonté de comprendre, c'est-à-dire de *prendre ensemble*. Il y a en tout cas chez Valéry une sensibilité, une délicatesse, un sens des contradictions et des puissances contraires qu'il était bien loin de méconnaître : les *Cahiers* sont sur ce point une mine exceptionnellement riche.

A l'origine de la conception que Valéry tente de se faire de l'amour, on trouve toujours le souvenir de l'ébranlement initial éprouvé dans l'aventure de Montpellier. Il a fait là connaissance avec l'irrationnel, avec le vertige, et avec la honte de se conduire comme n'importe qui. Ce souvenir apparaît presque constamment dans les *Cahiers* en corrélation avec le choc provoqué par la découverte de Mallarmé, c'est-à-dire la découverte de sa propre infériorité par rapport à une poésie achevée. Dans ces deux expériences, qui lui firent toucher cruellement et concurremment sa propre faiblesse, tant sur

PIERRE-OLIVIER WALZER, Conférence (1964) : « Introduction à l'érotique valéryenne » in *Cahiers de l'Association Internationale des Études Françaises* (nº 17), A.I.E.F., Paris, 1965.

le plan sentimental que sur le plan intellectuel, il puisa le courage de vouloir se hausser au-dessus des forces déroutantes du sentiment et atteindre à une universalité spirituelle qui ne laissât plus de prise aux puissances du hasard.

A l'âge de vingt ans, alors qu'il pouvait déjà se croire devenu un rare esprit, et s'être approprié quelques-uns des secrets de Léonard dans le sens de la généralisation des pouvoirs, voici que Mallarmé lui apprend que le Système a des failles, et Mme de R., qu'il se conduit comme un collégien. Cette dernière pensée est particulièrement insupportable à son orgueil, et les lettres à ses confidents de l'époque (Gide, Fourment, Louÿs) trahissent le scandale que fait naître en lui cette constatation irrecevable pour un jeune Moi Pur. Par la suite, il attachera de plus en plus d'importance, en méditant sur son drame, à ce refus du déjà vu, déjà fait ou déjà connu. « Je me vomis si ce que je croyais être mon exception me paraît une épidémie » (II, 199 *). Pourquoi aimer, si aimer c'est *imiter*. Un esprit ne peut pas aimer *ce qu'il n'a pas inventé* (*Mél.*, 58). D'où la guerre farouche déclarée aux idoles, dont la nuit de Gênes marque comme la déclaration. « Ceci devait se rattacher à mon sentiment si profond de 189... qui m'éloignait de tout ce qui me paraissait déjà fait, déjà exploité — comme d'avance — parmi quoi l'amour du type décrit partout — et duquel les expressions habituelles me semblaient clichées — que ces expressions fussent les mots usités, ou les expressions-sensations intérieures » (XXII, 200-201).

Revenant, bien plus tard, sur la résistance qui s'est développée en lui, vers la vingtième année, contre les sentiments naturels, et qui fut surtout « marquée contre les sentiments *collectifs* », il la trouve composée d'ingrédients divers. C'est d'abord « une défense contre tous les tourments affectifs, dont j'ai souffert en 91, etc., et contre le pouvoir *affreux* des images (choc) ». En effet, autre idée insupportable pour l'homme de l'esprit, c'est celle d'être obsédé ou persécuté par une *image*, c'est-à-dire un reflet, c'est-à-dire rien. Deuxième ingrédient : l'opposition vie — esprit : « L'intellect, fonction d'égalité

---

* Les références de ce type renvoient évidemment aux *Cahiers*.

et de pureté — Tout le *Je puis* d'un côté, tout le *Je suis* — de l'autre et ce *je suis* refusé par le premier qui tend à se faire *MOI pur* » (XXII, 410). Les propriétés de ce Moi pur, définies par l'*Introduction à la méthode de Léonard de Vinci,* par *Monsieur Teste* ou par la *Note et Digressions,* sont mises une nouvelle fois en rapport, dans une note encore plus tardive, avec l'ébranlement fondamental qu'a constitué le drame de Montpellier. La réaction de l'esprit reçoit ici des déterminations qui n'apparurent pas au poète sur le moment, mais qu'il éclaire par rapport à tout son développement spirituel postérieur :

Ceci était le fruit de *mes* luttes intestines exaspérées contre l'obsession anxieuse 91/92 (Mme de R. et la sensation d'infériorité intellectuelle due à telles volontés de poésie. D'ailleurs, j'étais venu à considérer non la seule poésie, mais toute force de l'esprit, et c'est la *capacité,* le pouvoir de faire en tout qui m'apparaissait — la fabrication poétique devenant une application particulière.) [...] Tout ceci procédait d'une volonté de défense contre Moi trop sensible. Peur de Moi. On n'a peur que de Soi. Rares étaient les individus que j'épargnais en moi. Je les classais selon ce qu'ils savaient faire et moi pas. Les résultats extérieurs m'importaient peu, c'était *la capacité,* le pouvoir que j'enviais (XXIV, 595).

On touche donc ici à quelque chose de central dans la genèse du génie de Valéry. C'est bien son refus contre un sentiment dévorant, son refus du vague en existence et du vague en littérature, qui ont fait de lui un si rare Robinson intellectuel. Dire que le génie a pour conditions d'aimer Mallarmé et d'être amoureux aurait évidemment quelque chose d'excessivement simplificateur, néanmoins les *Cahiers* n'hésitent pas à faire découler de ces deux désespoirs le salut même de l'être :

Toute ma « philosophie » est née des efforts et réactions extrêmes qu'excitèrent en moi de 92 à 94, comme défenses désespérées, 1º l'amour insensé pour cette dame de R. que je n'ai jamais connue que des yeux — 2º le désespoir de l'esprit découragé par les perfections des poésies *singulières* de Mallarmé et de Rimbaud, en 92 — brusquement révélées. Et cependant je ne voulais pas faire un poète — mais seulement le *pouvoir de l'être*. C'est le *pouvoir seul* qui m'a toujours fait envie, et non son exercice et l'ouvrage et les résultats extérieurs. C'est bien *moi*.

Valéry

Tout ceci, en présence des 2 ou 3 idées de première valeur que je trouvai dans Poe. (Self-consciousness.)
Dieu sait quelles nuits et quels jours! Cette image de Mme de R., etc. L'*arrivée*. Paris en novembre 92. Le concert.
J'ai donc lutté, me suis consumé, et le résultat fut la bizarre formule : *Tout ceci* sont *phénomènes mentaux...* Je voulais réunir et mépriser en bloc tout ce qui vient à l'esprit. Je voulus m'en faire une idée quantitative. Comme de l'énergie totale d'un système...
Trait essentiel de cette époque, Insularismes, despotisme absolu. Rien d'assez *moi,* et ce moi — était une extrême puissance de refus appliquée à tout — et surtout à ce qu'il pouvait véritablement *être, faire,* ou *espérer!* (XXII, 842-843).

Si l'amour est capable de produire dans l'esprit des effets aussi remarquables, et aussi remarquablement bienfaisants, il représente donc une des composantes de l'existence qu'il convient de ne pas ignorer. Dans l'ensemble de la production littéraire de Valéry, l'amour, effectivement, n'est pas oublié. Mais il y apparaît le plus souvent sous son aspect négatif, comme une espèce de folie incompréhensible attachée à l'espèce humaine, pour en assurer la reproduction, mais au prix de la déperdition de la conscience. (« Il faut perdre la tête, ou perdre la race. ») Mme Teste est un charmant animal qui n'a pas d'existence aux yeux de son mari. Les amants des *Fragments du Narcisse* n'illustrent de l'amour que son mensonge et sa caducité. Et pour tout viatique Faust confie au disciple la formule ambiguë : « Prenez garde à l'Amour. » Non, l'amour n'a pas bonne presse dans l'œuvre de Valéry, qui apparaît comme un écrivain plutôt misogyne, fabricant de maximes sur les femmes, à la française :

Femmes sont fruits. Il y a des pêches, des ananas et des noisettes. Inutile de poursuivre : cela est clair. L'amateur ne peut se résoudre à ne cueillir que ceux d'une seule espèce. Il veut se connaître soi-même dans la diversité du jardin (*Mél.*, 57/58).

Mais dans le secret des *Cahiers,* l'amour est pris beaucoup plus au sérieux et constitue un sujet de méditation très constant. Parmi les sigles que Valéry utilise pour s'y retrouver dans l'amoncellement de ses notes (HP : histoire, politique; S : le Système; φ : philosophie; ψ : psychologie, etc.) le sigle ερ = ἔρως revient avec une remarquable régularité. Une page des *Cahiers*, relative aux problèmes de la vie sentimentale, et une fois encore expressément greffée sur le « sentiment si profond de 189... », se termine par cette notation qui résume assez bien les lignes générales d'une érotique valéryenne :

> En somme, connaissance; épuisement de la précision; refus du déjà fait ou connu — désir des limites (XXII, 201).

C'est sous ces quatre chefs qu'il faudrait procéder à de longs développements pour illustrer toute la richesse de la pensée de Valéry sur les problèmes de l'amour. Passons rapidement sur le *refus du déjà fait,* jusqu'ici suffisamment évoqué, non toutefois sans relever une parenté avec un autre pessimiste célèbre, La Rochefoucauld, qui a dit : « Il y a des gens qui n'auraient jamais été amoureux, s'ils n'avaient jamais entendu parler de l'amour. »

Ce qui est aussi la pensée de Valéry :

> Dire : *Je vous aime,* à quelqu'un, jamais on ne l'eût inventé; ce n'est là que réciter une leçon, jouer un rôle, commencer à débiter, à sentir et à faire sentir tout ce qu'il y a d'appris dans l'amour (TQ II, 184).

La première opération sérieuse, comme en tout domaine, c'est de procéder à un nettoyage linguistique *(épuisement de la précision)* portant sur le langage sentimental. Aucun domaine où le vague ne se donne plus libre champ! Rien de plus mystérieux et de moins précisément défini que les rapports des êtres entre eux, que les rapports entre âme, cœur, sensibilité, physiologie à l'intérieur d'un être.

> En général, les échanges entre personnes sont ce qu'ils sont. Bornés, empiriques, avec des dangers, des erreurs, etc. Preuve : le langage qui s'y emploie, ou les décrit.

Il faudrait, dans ce domaine aussi, aboutir à l'établissement d'un lexique correct, qui distinguât, par exemple, entre des mots comme *amitié, amour, sympathie :*

> Il y a les mots ou types : Amitié, amour, et leurs degrés. Mais ceci est pauvreté. Une analyse à peine un peu plus

fine fait pressentir tout un monde et, au-delà, toute une profondeur de possibilités. Le mot de sympathie, si avili. En vérité, je voyais un développement extrême du phénomène sym-pathie, attraction des êtres qui soit aux attractions sexuelles ce que la recherche d'ordre scientifique ou artistique *passionnée* est à la recherche de la nourriture ou d'un bien matériel (XXII, 200).

Toutefois la recherche de Valéry dans l'ordre linguistique ne va guère au-delà. Pratiquement il renonce à son effort de purification du langage sentimental et ne réussit pas à substituer un système d'expressions précises aux *effusions* qui distinguent habituellement le langage du cœur. D'où son dépit durable. « Je hais le sentimentalisme parce que le sentiment est chose dont la traduction toujours est inévitablement fausse, peut toujours être simulée » (II, 493). L'analyse échoue à éclairer le fait affectif, et quand l'analyste lui-même cherche à préciser de quoi est faite sa résistance au sentiment, il se trouve obligé d'avouer : « Tout examen de ce genre fait créer ce qu'on veut voir » (XXII, 410), et est dépourvu par conséquent de toute valeur objective.

Valéry reprend dès lors l'analyse à la base, remontant à l'instinct sexuel pur et simple. Cet instinct se manifeste dans un acte physique qui provoque, chez le poète, l'étonnement et le dégoût. Il fait sienne la constatation de Léonard : « L'amour dans sa fureur est chose si laide que la nature humaine s'éteindrait — *la natura si perderebbe* — si ceux qui le font se voyaient » (*Var. I*, 178). Un acte au cours duquel l'homme et la femme connaissent une aliénation totale.

Et alors il n'y a plus ni homme ni femme. Il y a une chose qui se meut sur elle-même toujours plus vite, une machine lâchant des soupirs, précipitant ses battements, bavant — ou un animal qui se suicide — ou l'angoisse d'une noyade, la précipitation, la hâte folle d'arriver *à temps*. Une oscillation autour d'un équilibre (I, 76).

Valéry a toujours été très attentif, ainsi que l'a montré Mme Judith Robinson, à une théorie des *phases,* des *cycles fermés* dont il découvre des exemples dans de nombreux domaines, spécialement celui de la thermodynamique. Eh bien! l'acte d'Éros lui paraît pouvoir s'inscrire exemplairement dans un système semblable :

type de l'action complète par sa facile représentation cyclique, fortement accusée, montrant bien un écart, une excursion physico-psychique; — enfin, un retour à l'état de « liberté et disponibilité » (XXII, 318. Cf. dans le même sens : XXIV, 352).

Une telle formulation ne représente-t-elle pas un progrès, en apparence du moins, sur la conception de l'acte vu comme doté de cet étrange caractère « d'avoir pour objet... une interruption » (TQ II, 306)? Cet acte possède, entre autres caractéristiques, celle d'être très voisin de la douleur. « Le moindre accroissement de durée du soi-disant plaisir le changerait en douleur intolérable » (XV, 605) — et celle d'être lié directement à la reproduction de l'espèce, dans laquelle Valéry admire surtout — dans de très nombreuses notes — l'extraordinaire richesse des processus naturels qui aboutissent à la fécondation. Mais de cette complexité, l'homme, une fois encore, ignore tout.

L'homme fait un enfant à la femme, sans y rien comprendre. Ils ne savent de ce qu'ils font que ce qui suffit à le faire. C'est un rite étrange (XXIV, 655).

Donc acte essentiel dans son mystère, mais sur lequel il est impossible de fermer les yeux. Car en somme : « L'esprit est à la merci du corps... De lui émanent nos vraies lumières » (*Mél.*, 105). Toutes nos idées ou sentiments dépendent d'un manque d'information sur l'exact fonctionnement de notre zoologie personnelle. « C'est pourquoi, disent encore les *Cahiers,* l'action d'Éros est si utile à méditer. Elle est le type le plus complet de fonctionnement vital total [...] L'invention de l'âme est une conséquence de la méconnaissance du corps [...] » (XXVIII, 28).

L'acte d'amour est un acte « à deux », qui n'engage pas seulement le Moi, plus ou moins pur, mais également l'Autre, et qui met en question leurs étonnants rapports. « Femmes, que représentez-vous? Un oubli et une présence de soi attachés à un être extérieur, un corps autre que celui du soi » (VII, 642). Pour l'acte érotique, la femme ne représente qu'un moyen, qu'un intermédiaire. Comme dit le poète : « La dame est un relais » (XXIV, 407). Dans certaines conditions psychiques et physiologiques, le Moi se polarise et se crée « un objet de désir, unique et exclusif » (XXIII, 230) en même temps qu'il entre dans un certain état de gêne.

Supposé maintenant que l'action ainsi dessinée, *armée, chargée,* exige pour s'accomplir un objet étranger, — proie ou chose. Alors il s'agit de transporter sur cet objet l'action, le faire, imaginaire. Rendre cet objet capable de l'action.
D'où *lutte, séduction, opérations matérielles* pour arriver à la *simplicité finale de l'acte dernier libérateur* — ou plutôt à la sensation terminale — contentement, triomphe, fatigue, repos, recharge, — sous le zéro, sommeil (XXIV, 352).

Donc « cycle fermé », mais qui exige pour se fermer l'intervention d'un agent étranger capable de libérer le premier Moi de ses réserves humorales. Il y a une énergie accumulée qui explose — « comme un coup de canon ». Alors « le Monde (M) se réduit à la masse étreinte convulsivement du corps adverse, et le corps (C) s'élève à la souveraineté instantanée de toute sa présence et force résumées depuis les extrémités de son étendue sensible, comme un seul muscle frappant un seul coup, — et l'esprit (E) s'effaçant sous la charge et le foudre du MOI qui cesse, un instant, de s'opposer et de refuser, mais qui se confond dans un éclair de temps à je ne sais quoi d'extrême » (XXII, 696). Au reste, pour étudier correctement ce phénomène, il faudrait mener l'analyse sur « plusieurs lignes parallèles et correspondantes ». Valéry imagine « une sorte de partition avec ses portées et simultanéités. Une portée sensorielle, une physique, une actionnelle, une énergétique, une chimique. Et tenir compte du temps vivant » (XXII, 696).

L'objet aimé ne se réduit pas, en effet, à un sexe. « Il lui faut un visage et une forme de corps qui puissent agir par voie de lumière, à distance, et orienter vers elle le plus grand nombre possible de nos sens, et nos pas, et notre pensée » (M.P.A., 66-67). Le Moi agit sur cet être extérieur par tout un ensemble de pouvoirs qu'il ne connaissait pas et que développe en lui la nécessité. L'amour donne de l'esprit.

Cet objet séparé induit en nous des forces étranges, et si nous ne pouvons nous en saisir à notre gré, ces puissances contraintes nous produisent des effets extraordinaires :

une politique, une poésie, une rhétorique, une psychologie, une mystique se développent, même chez des êtres dont l'esprit, jusque-là, n'était que ce qu'il était (M.P.A., 67).

Pour forcer l'Autre, la nature met à disposition des moyens naturels : beauté, force, qui sont donnés, et des moyens « surnaturels » : charme, galanterie, esprit, poésie, tendresse, qui s'acquièrent dans la passion.

Ainsi, tout, dans l'amour, n'est point négatif du point de vue de l'esprit, puisque le médiocre même en reçoit des ressources inattendues (il est vrai aussi qu'au rebours le grand homme peut se mettre à raisonner comme un enfant). C'est le signe que l'amour ne saurait honnêtement être réduit au seul fait sexuel, ni comparé à « une volupté physique quelconque — un bon repas ». Bien plutôt il faut y voir « une étape sur je ne sais quelle voie menant au maximum de commerce d'individus — étape ou rite à satisfaire pour pouvoir aller plus avant » (XXII, 201). L'amour, en dépit de ses fureurs et de ses mystères, apparaît donc comme une voie, une initiation, un passage vers quelque chose. Il développe dans l'homme un *désir des limites,* qui peut passer pour son excuse et sa justification. La preuve que l'amour ne saurait se limiter à un acte physique, c'est ce curieux « besoin d'un être déterminé, et unique, pour l'accomplissement d'une fonction qu'une quantité d'autres êtres pourraient satisfaire. Ici commence l'*amour*. Ce n'est donc point la fonction même qui est le point principal. Il y a autre chose [...] En réalité, le besoin exige une possession d'ordre supérieur. Non celle d'un instant, mais possession constante, présence dans la pensée » (XV, 54).

Les gestes du plaisir ont des résonances qui vont bien au-delà d'une passagère satisfaction sensuelle et qui sont réponse, ou essai de réponse, à l'insatisfaction profonde de l'être, essai de compensation de l'angoisse existentielle :

Quelle certitude, quel seuil, quelle fin, (et non quel plaisir —) cherche le — plaisir ? — Plus avant que la volupté, plus follement que délicieusement, plus durement que suavement, plus comme essai, plus comme offrande au désespoir que comme œuvre de jouissance, se manifeste à l'intellect l'acte d'amour (X, 437).

Ce dépassement et cette aspiration font de l'opération érotique l'une des plus hautes formes d'expression humaine, à la faveur de laquelle se dessine un rapport entre amour et religion, entre amour et mystique. Dans les *Cahiers,* le sigle Eρ (Éros) apparaît souvent lié au sigle θ (Théologie) et illustre le rapprochement de ces « extrêmes de l'être » que sont « Éros et Mystis » (XV, 505). Et la foi est marquée des mêmes contradictions, des mêmes réticences, des mêmes obscurités, mais aussi des mêmes élans et des mêmes victoires, ou des mêmes défaites, qui sont dans l'amour. Quel bizarre dieu que celui des chrétiens, qui veut *être aimé pour lui-même,* comme la première femme venue! (cf. XXII, 576). Mais la foi comme l'amour entraîne l'homme à son dépassement, à extraire de soi des trésors d'endurance et de subtilité, à se tromper pour ne montrer de soi que le meilleur, à « reproduire son plus beau » (XXII, 320). Une telle ascèse, fondée sur un fonctionnement harmonieux de toutes les fonctions physiologiques, attestant la plénitude de la puissance vitale, et répercutant dans l'esprit des excitations inventives et illuminatrices, est encore ce que l'homme a de mieux à offrir à Dieu pour se faire pardonner son humanité. Il y a à ce propos, parmi les notes de 1940, un apologue pseudo-biblique plein de saveur. Eliher, ayant péché avec la fille de Chanaan, ils s'entendent reprocher leur fornication par l'Ange II « dressé comme une flamme ». Mais Eliher ne se laisse pas démonter. Il entreprend calmement de découvrir à l'ange le « sens » de leur comportement :

Mais Eliher, prenant la parole, lui répondit : Il est vrai, Monseigneur, mais puis-je te dire pourquoi nous le fîmes et quel est le sens de ce qui te paraît un sacrifice de péché? Nous savons que tu ne peux le comprendre et qu'il ne te fait pas besoin, car tu es ce que tu es et tu es le familier du feu de l'éternel. Tu participes de lui par ton essence, et tu brûles devant le Très-Haut comme la roche de marbre au soleil devient splendide en elle-même et se pénètre de sa force et la reflète de toutes parts, etc. Mais nous, formés de boue et si loin de la lumière, en vérité, nous l'ignorons comme des bêtes et nous n'avons rien que ce que nous sommes pour nous faire le moindrement capable de Lui. Et donc nous avons choisi le meilleur de nos instants de vie, et le plus doux et à la fois le plus ardent de nos actes, celui que nous désirons entre tous et qui a le privilège de créer. Par là nous nous détachons de toutes choses et nous connaissons qu'il existe un mode extrême d'être où nous ne pouvons, sans doute, que vivre un instant presque indivisible — si c'est vivre, cela est tout autre chose; un instant où ni la pensée, ni les objets, ni même notre connaissance de nous-mêmes ne nous suivent. Que peut être ce fragment détaché de je ne sais quelle éternité d'éclair et qui ne ressemble à rien — pas plus que la lueur de l'éclair ne ressemble à la couleur des choses mais aveugle le regard? N'est-ce pas là le seuil de l'éternel, et quel autre moyen avons-nous de nous tirer de ce qui nous entoure et nous borne et de la terre et la vie qu'on y mène, assujettie?

Des êtres qui jamais n'eussent entendu parler du Tout-Puissant, et auxquels il ne se fût point révélé par la Parole, comment et par quelle voie leur viendraient le soupçon et le besoin de son existence? Sans doute, le spectacle des cieux et de leur ordre, et celui des vivants et de leur merveilleuse conservation les feraient penser et chercher. Et peut-être auraient-ils l'idée d'une suprême volonté. Mais ils adoreraient le soleil et les étoiles et s'arrêteraient à cette superstition. Ils se feraient des idoles, car comment pourraient-ils se donner pour maître et créateur ce qui ne ressemble à rien? L'Incomparable! Car le vrai Dieu doit l'être, si nous ne nous trompons pas. C'est pourquoi, cherchant dans notre expérience ce qui puisse conduire à la vérité, nous avons trouvé dans cette extrême sensation, si séparée de toutes les autres (si ce n'est de la douleur aiguë), si irréductible à la pensée et aux objets de l'univers, un signe fulgurant qui est appelé un Plaisir, mais qui n'est pas du tout semblable à un plaisir..., etc.

L'Ange se dissipe, ces choses dites, comme se dissipe une conscience devant l'incompréhensible (XXIV, 22-23).

Un instant indivisible, un fragment de temps pur, un éclair d'inconscience, tels sont les dons qui mènent au « seuil de l'éternel », tels sont les secrets de la transfiguration dans l'amour, qu'il faut mettre en relation avec cette autre note des *Cahiers*, assez étonnante, écrite par Valéry à soixante ans : « La possession, qui est la fin de la plupart, est pour moi un commencement — ou une régénération — de quoi? D'une sorte d'autre " vie " » (XV, 658).

Si cette ascèse et cette régénération mènent enfin réellement à une *connaissance*, c'est ce qui est douteux, mais il n'est pas interdit d'en rêver. Par connaissance, Valéry entend une espèce de communion intellectuelle totale qu'il pense découvrir d'ailleurs bien plutôt dans l'amitié que dans l'amour. Mais enfin, l'amour idéal n'en postule pas moins lui aussi la communion totale : « Une seule chose dans ce monde peut compter pour l'âme non vile, c'est de se convaincre qu'elle n'est point seule et qu'elle peut véritablement échanger ce qu'elle a de plus précieux contre le plus précieux qui est dans une autre » (VIII, 501).

Cette description d'une sympathie absolue entre esprits rares, entre « consciences nues », est une quasi-impossibilité. Ce vœu pie nous renvoie au miroir de Narcisse : « Ce que je chercherais dans l'amour ? C'est moi. » (*Corr. Valéry-Gide*, p. 113.) Cependant Valéry n'exclut pas que cette relation épurée se puisse produire entre homme et femme ; mais le problème ne fait alors que se compliquer. « Il est peut-être impossible, dit encore une note, de rencontrer la forme femelle de cette étrange nature. Par malheur, il arrive que l'on croie l'avoir trouvée. D'où d'immenses peines, quand l'erreur se dessine et que les sensibilités se séparent » (XXIV, 375).

Mais c'est déjà quelque chose que d'avoir rêvé, au travers de l'amour, une sorte d'amour sublimé, du troisième degré, qui réservât à l'être quelques instants d'éclairante confrontation.

Cependant c'est une grande pensée, écrit Valéry, que d'avoir voulu inventer un amour de degré supérieur, un amour se dégageant de l'amour ordinaire comme celui-ci s'est dégagé de la fonction de reproduction. Ainsi la pensée et ses œuvres inutiles se sont dégagées de la pensée et des actions appliquées, etc. (XXIV, 375).

Toutefois cette grande pensée est constamment offusquée par tous les malentendus nés de la chair. L'esprit est aveugle devant le corps. « Sur les sentiments, les émotions, les passions et en général les transcendances physico-mentales, nous ne savons rien. Rien de rien » (II, 194). Cette ignorance est d'ailleurs nécessaire au bon fonctionnement de l'amour, car « il ne serait pas possible " d'aimer " ce que l'on connaîtrait complètement... Je t'aime, donc je ne te sais pas » (TQ II, 307-308).

Ce mystère qui entoure l'être objet et créateur d'attractions physiques et d'attraction sentimentale, Valéry finit donc par l'accepter comme une donnée immédiate, non seulement de toute existence, mais de *son* existence. Le règne lucide de l'esprit reste sans doute le point hyperbolique où tend son désir, mais il sait aussi que le cœur a des droits et des raisons dont il est impossible de ne pas éprouver la toute-puissance. Aussi l'auteur de *Monsieur Teste* finit-il par ranger côte à côte, au même niveau, cœur et esprit, comme *valeurs* essentielles de l'existence humaine. Si cette révolution de sa pensée eut pour origine des révolutions sentimentales personnellement vécues, c'est ce que l'avenir, plus savant que nous, s'amusera à dévoiler. Il n'en est pas moins émouvant de suivre d'ores et déjà, à travers les notes abstraites des *Cahiers,* les oscillations de la balance du JE PENSE au JE SUIS et de constater l'équilibre enfin réalisé de ses plateaux sous un poids égal de lucidité et de tendresse.

Charles Du Bos

6. [LÉONARD]

> Écrit en janvier-mars 1920, cet article est sans doute le premier en date qui confère sa véritable dimension au problème posé par la figure de *Léonard de Vinci;* il faut lire là-dessus la note 2, ici-même, p. 79-80.
>
> Après avoir appliqué à Valéry la formule de Gide à propos de Mallarmé, « Chose étrange : il pensait avant de parler », et l'avoir complétée : il pensait avant d'*écrire,* Charles Du Bos poursuit son enquête sur l'originalité du mode de penser valéryen.

[...] Mais si Valéry pense toujours avant d'écrire, ce n'est pas qu'il accorde à la pensée une créance parti-

---

CHARLES DU BOS, art. : « *Sur* l'Introduction à la méthode de Léonard de Vinci », in *Approximations,* Librairie Arthème Fayard, © 1965 by La Colombe — éd. du Vieux Colombier.

culière : dans son architectonique, la pensée en tant que pensée, bien loin de tenir le rang suprême, apparaît plutôt comme une de ces « indispensables idolâtries » au-delà desquelles seulement « la clarté finale s'éveille ». À la pensée, il est vrai, Valéry cède toujours. « Allons encore un peu », dit-il, mais il y cède sans jamais se fier à elle comme il arrive que l'on cède à une manie favorite, qui n'engage à rien, que l'on a maintes fois expérimentée inoffensive.

Suivons donc un peu plus avant la pente et la tentation de l'esprit, suivons-les malheureusement sans crainte, cela ne mène à aucun fond véritable. Même notre pensée la plus « profonde » est contenue dans les conditions invincibles qui font que toute pensée est « superficielle ».

Cette pente de l'esprit, il nous est loisible de la suivre — cette tentation de nous y abandonner — aussi loin et aussi longtemps que nous le voulons — pour autant du moins que nous considérons ici le seul esprit, livré à lui-même et non altéré par « les impuretés psychologiques » ou par « le trouble des fonctions » ; et c'est précisément cette permission qui se trouve nous être octroyée qui conduit Valéry « jusqu'à cette netteté désespérée » à l'égard de la pensée.

Il n'existe pas de pensée qui extermine le pouvoir de penser et le conclue — une certaine position du pêne qui ferme définitivement la serrure.

Infatigable, indestructible activité de l'esprit, subsiste-t-il dans l'esprit même quelque chose qui survive à son action ? « La conscience seule à l'état le plus abstrait », nous est-il répondu ; il nous faut ici produire deux textes de teneur très voisine. Voici le premier :

Enfin, cette conscience accomplie s'étant contrainte à se définir par le total des choses, et comme l'excès de la connaissance sur le Tout — elle qui pour s'affirmer doit commencer par nier une infinité de fois une infinité d'éléments, et par épuiser les objets de son pouvoir sans épuiser ce pouvoir même — elle est donc différente du néant, d'aussi peu que l'on voudra.

Et le second :

Le caractère de l'homme est la conscience ; et celui de

la conscience, une perpétuelle exhaustion, un détachement sans repos et sans exception de tout ce qu'y paraît, quoi qui paraisse. Acte inépuisable, indépendant de la qualité comme de la quantité des choses apparues, et par lequel l'homme de l'esprit doit enfin se réduire sciemment à un refus indéfini d'être quoi que ce soit.

Je ne voudrais pas incliner la pensée de Paul Valéry en isolant ainsi deux passages dans cette partie précisément de *Note et Digressions* (pp. 24-28) où tous les traits lancés par ce sagittaire lucide vont se ficher au centre de la cible, mais il me semble que dans ces deux textes l'accent porte un peu différemment sur le mot et l'idée du néant. Sans doute, le mot lui-même ne figure que dans le premier et c'est du néant justement que Valéry différencie la conscience, d'aussi peu que l'on voudra, mais enfin qu'il la différencie : et cependant dans ce refus indéfini d'être quoi que ce soit auquel il prétend que l'homme de l'esprit doit enfin se réduire sciemment, il est impossible de ne pas sentir l'infiltration subtile du néant. Successivement, à chaque pensée qui surgit devant elle, la conscience de Valéry réitère l'injonction de Roxane à Bajazet :

Rentre dans le néant d'où je t'ai fait sortir.

Dégageons le mot de nihilisme de sa gangue grossière de notions adventices, ramenons-le à la nudité de son sens étymologique, et c'est encore lui qui convient le moins mal à ce je ne sais quoi de détachable, de déjà détaché, dans chaque idée, dans chaque mot, donné, traité isolément, — à l'étrange caractère qu'y prend toute chose d'être comme dite à son extrême limite, — à cet état de vacuité d'attache. Valéry est dépris, — délié des problèmes qu'il se pose par les solutions qu'il leur trouve. Il a toute la densité sans nulle épaisseur ; je ne puis me retenir de citer à cet égard cette page capitale :

Tous les phénomènes, par là frappés d'une sorte d'égale répulsion, et comme rejetés successivement par un geste identique, apparaissent dans une certaine équivalence. Les sentiments et les pensées sont enveloppés dans cette condamnation uniforme, étendue à tout ce qui est perceptible. Il faut bien comprendre que rien n'échappe à la rigueur de cette exhaustion; mais qu'il suffit de notre attention pour mettre nos mouvements les plus intimes au rang des événements et des objets extérieurs : du moment qu'ils sont observables, ils vont se joindre à toutes choses observées. — Couleur et douleur, souvenirs, attente et surprise; cet arbre et le flottement de son feuillage, et sa variation annuelle, et son ombre comme sa substance, ses accidents de figure et de position, les pensées très éloignées qu'il rappelle à ma distraction, *tout cela est égal*... Toutes choses se substituent, — ne serait-ce pas la définition des choses?

Le nihilisme de la pensée de Valéry, c'est le nihilisme d'une pensée devant laquelle toutes choses ne cessent de défiler, mais qui semble ne pouvoir prendre contact avec chacune d'elles que par l'opération même qui l'en détache. L'écho, la répercussion dans la conscience est instantanée; et aussitôt la pensée éprouve qu'elle est différente, étrangère, qu'elle est toujours en plus : c'est la conscience même qui lui interdit à tout jamais de s'identifier à quoi que ce soit. Nihilisme de la pensée qui n'a plus d'objet, — nihilisme qui distille une tristesse si vaste, si généralisée dans sa cause, qu'elle atteint à une pureté inhumaine. Dans l'ordre intellectuel, il n'est pas de spectacle empreint d'un tragique plus auguste que celui de la faculté de penser aboutissant par son acuité même au néant et à l'autonégation. C'est vraiment ici le règne de « la solitude et de la netteté désespérée ».

Que reste-t-il donc à qui sait que la pensée « ne mène à aucun fond véritable »? L'esprit court alors le risque d'être frappé de stérilité irrémédiable; dans un passage de *Note et Digressions,* Paul Valéry marque d'un trait définitif la nature exacte du mal :

Je répondais si promptement par mes sentences impitoyables à mes naissantes propositions, que la somme de mes échanges, dans chaque instant, était nulle.

Sur la paralysie possible de la force créatrice par l'autocritique, jamais diagnostic plus net ni mieux motivé n'a été porté. Dans la vie de tous ceux qui prétendent extraire de leur cerveau la perle qui n'est pas sans prix[1],

---

[1] « Je ne tirerai jamais rien de ce maudit cerveau où cependant, j'en suis bien sûr, loge quelque chose qui n'est pas sans prix. C'est la destinée de la perle dans l'huître au fond de l'océan. Combien, et de la plus belle eau, qui ne seront jamais tirées à la lumière! »

il arrive toujours un moment où ils n'ont plus d'autre ressource que de trancher le nœud gordien, mais l'opération pour eux ne se présente pas avec le caractère de simplicité idéale, d'aisance alerte et dégagée, dont s'accompagne le geste fabuleux d'Alexandre. Tout dépend ici, pour l'avenir, du choix du moment et des circonstances qui l'ont devancé. Combien ont procédé au coup d'État qui au lieu de se trouver sur le pavois ont été rouler dans la poussière; combien aussi se sont imaginés sur le pavois et meurent sans avoir été détrompés! Les plus heureux ceux-là, dira-t-on; en réalité, les plus lamentables, — moins tragiques pourtant que ceux qui savent à demi, et qui ignorent de même. Rares sont ceux comme Manet qui disait à Mallarmé : « Chaque fois que je peins un tableau, je me jette à l'eau pour apprendre à nager », et chez qui pourtant le don était si fort, si prestigieux, qu'il exécutait le *Fifre,* ce chef-d'œuvre d'évidence et d'éclat. « Si le sel perd sa saveur, avec quoi la lui rendra-t-on? » Transposez l'interrogation évangélique de l'ordre moral dans l'ordre intellectuel, — supposez-la adressée à des écrivains, à des artistes, et il me semble entendre M. Valéry murmurer à mi-voix : « Avec l'esprit critique. » Car, s'il sait que pour les faibles l'autocritique reste le poison de choix, il sait aussi, et pour cause, que lorsqu'il s'agit des forts, c'est un poison qui porte avec lui son antidote. La somme des échanges peut bien à l'origine, dans chaque instant, être nulle, mais c'est une nullité pure, lucide, une eau que rien ne vient troubler à sa source, le milieu le plus homogène où puissent, au fur et à mesure qu'elles s'y déposent, cristalliser sans déformation « les vérités, que l'on s'est faites ». Si singulier que cela puisse paraître ce nihilisme en face duquel tout autre, pris de vertige, eût perdu pied, a constitué pour Valéry le terrain d'attente le plus favorable : condamné par ses propres arrêts à l'isolement et au silence, l'esprit de Valéry a vécu sur lui-même à un degré qui n'a guère d'équivalent dans notre littérature; non seulement il y a mûri, mais il a pris les formes arrêtées, les contours d'un solide, d'un objet, d'une « chose » pour employer une des

---

(*Lettre de Maurice de Guérin à Barbey d'Aurevilly :* mardi soir, 22 mai 1838.)

expressions favorites de l'auteur; pendant combien d'années martelé sur l'enclume de la forge, aujourd'hui c'est l'épée de Siegfried dont Valéry se fait blanc à tout coup. Tant il est vrai qu'on ne tranche pour de bon le nœud gordien qu'après l'avoir, au préalable, patiemment dénoué dans la solitude; ou selon les paroles mêmes de Valéry :

Il faut tant d'années pour que les vérités que l'on s'est faites deviennent notre chair même!

Mais quelles sont ces « vérités qui deviennent notre chair même » et que peut-il rester à qui se détache de la pensée en tant que pensée, à qui avoue que de la pensée seule l'intéresse la forme que l'on peut lui donner? Il reste les relations ou les rapports, — et la question est de telle importance pour déterminer avec exactitude la position intellectuelle de Valéry qu'il y a lieu d'y insister. Déjà dans l'*Introduction* de 1894, nous rencontrons ce texte bien significatif :

Le secret — celui de Léonard comme celui de Bonaparte, comme celui que possède une fois la plus haute intelligence — est, et ne peut être que dans les relations qu'ils trouvèrent — qu'ils furent forcés de trouver — *entre des choses dont nous échappe la loi de continuité*. Il est certain qu'au moment décisif, ils n'avaient plus qu'à effectuer des actes définis. L'affaire suprême, celle que le monde regarde, n'était plus qu'une chose simple, — comme comparer deux longueurs.

Tout ici — le choix des termes aussi bien que le point de vue adopté — décèle un esprit soucieux de ne devoir le réglage de sa pensée qu'à des disciplines de type scientifique et plus particulièrement mathématique. La science a pour objet l'étude des relations; elle établit des rapports, en effectue la mesure et en dégage la loi, — la loi, pointe extrême de son royaume, — limite de son pouvoir, — symbole, mais chez qui le vrai savant se sait être tel. Dans ce monde où nulle idole ne subsiste sinon cette *rigueur obstinée, l'Hostinato Rigore* qui constituait la devise de Léonard de Vinci [2],

---

2. Si dans ces quelques pages sur l'*Introduction à la méthode de Léonard de Vinci,* je ne fais nulle allusion à Léonard lui-même, c'est

l'esprit de Valéry se « meut avec agilité ». « La rigueur instituée, une liberté positive est possible », dit-il. Oui, certes, mais quel usage en faire ? À quoi l'appliquer ? Sans doute, parmi tous les écrivains à qui n'a pas été

que, du propre aveu de Valéry, Léonard n'est ici qu'un prétexte, la figure idéale que construit Valéry des possibilités de l'esprit humain, le lieu en quelque sorte abstrait où elles viennent toutes converger, chacune d'elles étant poussée à sa plus extrême limite. Dès 1894, Valéry s'exprime très clairement sur ce point : « Un nom manque à cette créature de pensée, pour contenir l'expansion de termes trop éloignés d'ordinaire et qui se déroberaient. Aucun ne me paraît plus convenir que celui de Léonard de Vinci. Celui qui se représente un arbre est forcé de se représenter un ciel ou un fond pour l'y voir s'y tenir. Il y a là une sorte de logique presque sensible et presque inconnue. Le personnage que je désigne se réduit à cette déduction de ce genre. Presque rien de ce que j'en saurais dire ne devra s'entendre de l'homme qui a illustré ce nom : je ne poursuis pas une coïncidence que je juge impossible à mal définir. J'essaye de donner une vue sur le détail d'une vie intellectuelle, une suggestion des méthodes que toute trouvaille implique. » Et en 1919 Valéry est plus net, plus explicite encore : « Je prêtai à Léonard bien des difficultés qui me hantaient dans ce temps-là comme s'il les eût rencontrées et surmontées : je changeai mes embarras en sa puissance supposée. J'osai me considérer sous son nom et utiliser ma personne. » Cette dernière phrase est décisive. Celui qui lirait l'*Introduction* en fonction du Léonard qui a vécu, et non en fonction de Valéry lui-même, la lirait perpétuellement à contretemps. — Si le lecteur veut se transmettre d'emblée à l'autre pôle — au point de vue le plus contraire à celui de Valéry — qu'il lise dans *The Study and Criticism of Italian Art* (3ᵉ série) l'essai de B. Berenson sur Léonard de Vinci ; dans cet essai, le premier critique d'art de notre temps — chez qui la sensibilité esthétique, la réaction des organes des sens devant un tableau, atteint à une suprême délicatesse — nous livre son jugement final sur Léonard, celui qui a été formé, qui s'est déposé en lui par trente ans de contact ininterrompu avec ses œuvres. L'intérêt d'une pareille confrontation vient de ce qu'on y saisit à vif l'opposition entre le critique d'art pour qui le point de départ demeure, et doit toujours demeurer, l'œuvre elle-même, et « l'homme de l'esprit » qui part de l'idée qu'il se fait d'une certaine puissance intellectuelle : l'œuvre accomplie, tel est l'objet sur lequel s'exercent les facultés de Berenson ; l'origine de l'œuvre, voilà le seul problème qui passionne vraiment Valéry. Il le reconnaît d'ailleurs lui-même : « J'avais la manie de n'aimer dans les œuvres que leur génération. » Le jugement final de Berenson sur Léonard est un jugement plein de restrictions, mais des restrictions les plus

Valéry

dévolue une véritable vocation scientifique, Valéry s'est avancé plus loin que quiconque sur la route : il ne s'est pas seulement approprié les méthodes, — tour de force bien autrement surprenant, il a su incorporer à sa pensée personnelle — qui par là semble toujours reliée à l'ensemble de l'univers — les résultats essentiels de la science. Mais enfin il n'est pas un savant : il a beau mettre la géométrie au-dessus de tout, il n'a pas la faculté d'invention mathématique; pas davantage il ne possède une technique particulière, une matière définie sur laquelle il puisse expérimenter. Il n'a que la compréhension souveraine, et ce qu'il partage avec le vrai savant c'est justement ce scepticisme à base de probité, inévitable chez ceux qui voient la science se faire, se défaire et se refaire incessamment sous leurs yeux, — spectacle qui n'a pu qu'accroître chez Valéry la méfiance à l'égard de l'idée de vérité qu'il a dû d'ailleurs toujours tenir en suspicion. Bien loin qu'elle doive lui fournir l'emploi, — lui faciliter l'exercice de ses facultés créatrices, — il semble au premier abord que la culture scientifique ne puisse qu'adjoindre un nouveau principe de stérilité, qu'affiler le tranchant du nihilisme. Or, c'est précisément l'opposé qui se produit, et je ne sais si, dans l'histoire de notre art littéraire, on trouverait un autre cas d'une aussi fascinante singularité. De son contact avec la science, Valéry retient l'idée des rapports, — la seule qui ne se désagrège pas instantanément sous son regard. Il la retient, et c'est en elle qu'il découvre enfin la porte d'évasion. Maître dans l'art de « la jonction délicate, mais naturelle, de dons distincts », il opère un transfert, et c'est le transfert dans le domaine des mots de l'idée scientifique des rapports. Les rapports de mots, voilà l'*ultima Thule* à laquelle se tient, que peut encore priser l'homme universellement dépris — et que l'on ne vienne pas

---

nuancées, les plus finement motivées. L'essai est de 1916; vingt ans plus tôt, lorsque Berenson écrivait *The Florentine Painters of the Renaissance,* Valéry et lui auraient été plus près de s'entendre. Berenson concluait alors les quelques pages consacrées à Léonard en insistant sur la gratitude que nous devons toujours lui garder pour avoir élargi le cadre des possibilités du génie humain, pour nous rappeler sans cesse par son exemple qu' « avant toute chose le génie est essentiellement énergie mentale ».

objecter que le pari dans lequel ici Valéry nous engage n'offre pas plus qu'un autre de garanties de sécurité! Nous ne sommes plus dans le monde de la pensée pure, nous ne sommes plus dans le monde de la science, nous sommes dans cette région de l'art où les vers immortels de Keats rencontrent leur application plénière :

> *Beauty is truth, truth beauty, — that is all*
> *Ye know on earth and all ye need to know.*

C'est par la science — ou plutôt par la transposition d'une notion scientifique — que Valéry se trouve donc ramené à la doctrine la plus exigeante qui se puisse concevoir de l'art pur, à sa pratique la plus rigoureuse, la plus serrée; et si originale que soit en elle-même cette conversion — au sens où un logicien emploierait le terme, — elle est peut-être plus importante encore par la redistribution de valeurs qu'elle implique. Tandis que Gautier se définissait « un homme pour qui le monde visible existe », tandis que Flaubert s'écriait : « La plastique est la qualité première de l'art », Valéry, lui, concentre tout son effort sur le théorème fondamental : le langage. Il y a dans *Note et Digressions* à cet égard une phrase que l'on ne saurait se dispenser de citer, car elle renferme une définition de l'acte d'écrire qui nous place juste au point d'où nous pouvons saisir l'opération exactement comme elle apparaît à l'esprit de Paul Valéry :

Écrire devant être le plus solidement et le plus exactement qu'on le puisse, de construire cette machine de langage où la détente de l'esprit excité se dépense à vaincre des résistances réelles, il exige de l'écrivain qu'il se divise contre lui-même.

La construction de cette machine de langage, voilà bien pour Valéry l'opération centrale, et en un certain sens l'unique. S'il existe aujourd'hui quelqu'un pour qui la vieille expression grammaticale : les parties du discours, ait gardé toute la vigueur de son sens primitif, c'est bien lui, — lui pour qui les parties du discours sont ce que sont au géomètre ses figures. Les plus subtils problèmes de la mécanique verbale ne cessent de se poser devant lui : chaque mot est examiné, estimé d'un double point de vue, comme élément statique et comme élément dynamique : d'une part Valéry jauge sa pesanteur, suppute sa capacité de résistance et l'utilise où il faut, mais d'autre part il apprécie son pouvoir émissif et à l'heure favorable il en libère le rayonnement. Ainsi seulement pense-t-il assurer « quelque durée à l'assemblage voulu ».

L'assemblage voulu par Valéry prosateur se distingue cependant de l'assemblage voulu par Valéry poète : sans doute dans les deux cas la faculté qui ordonne, qui préside à l'assemblage, reste la même ; c'est cette précision à laquelle Valéry aspirait dès 1894 et dont, faisant retour sur son passé, il nous dit dans *Note et Digressions* : « Pour comble de malheur, j'adorais confusément, mais passionnément, la précision. » Mais l'emploi en est différent.

Il ne saurait ici être question d'aborder de biais la poésie de Valéry, — sujet qui se suffit à lui-même et auquel ne convient que l'approfondissement ou le silence ; il semble bien néanmoins que, la contrainte de la forme poétique venant se surajouter à « ces gênes bien placées », à toutes ces autres contraintes qu'en son travail l'auteur suscite, multiplie à plaisir, — la précision dans le vers de Valéry — de par la position, la détente, la densité explosive de chaque mot, — de par l'acuité et la justesse des associations lointaines, — prenne un degré de visibilité qui risquerait presque d'être trop fort si la précision n'était contrebalancée par cette musique toujours perçue, cette mélodie inhérente à chaque strophe, qui investit la pièce entière d'une majesté traversée de douceur en présence de laquelle nous nous sentons tout à la fois graves et comblés. Or, dans l'assemblage voulu par Valéry prosateur, l'effet auquel tend l'artiste est au contraire un effet d'invisibilité : il consiste en un ajustement si étroit des parties qu'il devienne impossible de déceler le point où l'une d'entre elles passe dans l'autre ; il s'agit de supprimer à l'œil non seulement le ciment qui rend possible la soudure, mais encore la soudure elle-même. La valeur particulière de cet idéal d'une prose invisible telle que la conçoit Paul Valéry vient de ce que bien loin d'être obtenue au détriment de la précision, c'est la précision au contraire — ordonnatrice de la prose de Valéry au même titre que ses vers — qui est la condition même de cette invisibilité supérieure. À cet égard, comme à tant d'autres, la confrontation de *Note et Digressions* de 1919 avec l'*Introduction* de 1894 fournirait plus d'une indication précieuse à un analyste du style, — je veux dire à l'un de ceux pour qui le style représente la seule voie d'accès un peu sûre par où s'introduire au cœur même de la place. Nous ne pouvons ici qu'amorcer la question; peut-être cependant certaines nuances deviendront-elles d'elles-mêmes sensibles rien qu'en mettant côte à côte deux textes, le premier de 1894, le second de 1919; et pour que l'expérience apparaisse plus décisive, je choisis deux passages qui sont comme deux états d'un même portrait de Léonard de Vinci :

Je me propose d'imaginer un homme de qui auraient paru des actions tellement distinctes que si je viens à leur supposer une pensée, il n'y en aura pas de plus étendue. Et je veux qu'il ait un sentiment de la différence des choses infiniment vif, dont les aventures pourraient bien se nommer analyse. Je vois que tout l'oriente : c'est à l'univers qu'il songe toujours, et à la rigueur. Il est fait pour n'oublier rien de ce qui entre dans la confusion de ce qui est : nul arbuste. Il descend dans la profondeur de ce qui est à tout le monde, s'y éloigne et se regarde. Il atteint aux habitudes et aux structures naturelles, il les travaille de partout, et il lui arrive d'être le seul qui construise, énumère, émeuve. Il laisse debout des églises, des forteresses; il accomplit des ornements pleins de douceur et de grandeur, mille engins, et les figurations rigoureuses de mainte recherche. Il abandonne les débris d'on ne sait quels grands jeux. Dans ces passe-temps, qui se mêlent de sa science, laquelle ne se distingue pas d'une passion, il a le charme de sembler toujours penser à autre chose... Je le suivrai se mouvant dans l'unité brute et l'épaisseur du monde, où il se fera la nature si familière qu'il l'imitera pour y toucher, et finira dans la difficulté de concevoir un objet qu'elle ne contienne pas (1894).

Cet Apollon me ravissait au plus haut degré de moi-même. Quoi de plus séduisant qu'un dieu qui repousse le mystère, qui ne fonde pas sa puissance sur le trouble de nos sens; qui n'adresse pas ses prestiges au plus obscur, au plus tendre, au plus sinistre de nous-mêmes; qui nous force de convenir et non de ployer; et de qui le miracle est de s'éclairer; la profondeur, une perspective bien déduite? Est-il meilleure marque d'un pouvoir authentique et légitime que de ne pas s'exercer sous un voile? — Jamais, pour Dyonisos, ennemi plus délibéré, ni si pur, ni armé de tant de lumière, que ce héros moins occupé de plier et de rompre les monstres que d'en considérer les ressorts; dédaigneux de les percer de flèches tant il les pénétrait de ses questions; leur supérieur, plus que leur vainqueur, il signifie n'être pas sur eux de triomphe plus achevé que de les comprendre, — presque au point de les reproduire; et une fois saisi leur principe, il peut bien les abandonner, dérisoirement réduits à l'humble condition de cas très particuliers et de paradoxes explicables (1919).

Quand on lit successivement ces deux passages, ce qui frappe aussitôt, c'est la similitude de la pensée et la divergence de l'accent : l'expérience pourrait se répéter tout le long des deux *Introductions;* la pensée reste toujours très proche d'elle-même comme pour vérifier par l'exemple cette affirmation de Valéry :

Le groupe le plus général de nos transformations, qui comprend toutes sensations, toutes idées, tous jugements, tout ce qui se manifeste intus et extra, admet un invariant.

Et pourtant dans les deux cas combien dissemblable le rythme auquel cette pensée obéit! L'identité des contenus est telle que c'est dans l'*Introduction* de 1894 que je puise le texte qui éclaire le rythme nouveau, la vitesse nouvelle de la note de 1919 :

À un point de cette observation ou de cette double vie mentale, qui réduit la pensée ordinaire à être le rêve d'un dormeur éveillé, il apparaît que la série de ce rêve, la nue de combinaisons, de contrastes, de perceptions, qui se groupe autour d'une recherche ou qui file indéterminée, selon le plaisir, se développe avec une régularité perceptible, une continuité évidente de machine. L'idée surgit alors (ou le désir) de précipiter le cours de cette suite, d'en porter les termes à leur limite, à celle de leurs expressions imaginables, après laquelle tout sera changé. Et si ce mode d'être conscient devient habituel, on en viendra, par exemple, à examiner d'emblée tous les résultats possibles d'un acte envisagé, tous les rapports d'un objet conçu, pour arriver de suite à s'en défaire, à la faculté de deviner toujours une chose plus intense ou plus exacte que la chose donnée, au pouvoir de se réveiller hors d'une pensée qui durait trop. Quelle qu'elle soit, une pensée qui se fixe prend les caractères d'une hypnose et devient, dans le langage logique, une idole;

dans le domaine de la construction poétique et de l'art, une infructueuse monotonie. Le sens dont je parle et qui mène l'esprit à se prévoir lui-même, à imaginer l'ensemble de ce qui allait s'imaginer dans le détail, et l'effet de la succession, ainsi résumée, est la condition de toute généralité. Lui, qui dans certains individus s'est présenté sous la forme d'une véritable passion et avec une énergie singulière ; qui, dans les arts, permet toutes les avances et explique l'emploi de plus en plus fréquent de termes resserrés, de raccourcis et de contrastes violents, existe implicitement sous sa forme rationnelle au fond de toutes les conceptions mathématiques.

Ce « désir de porter les termes à leur limite », ce « sens qui dans les arts permet toutes les avances et explique l'emploi de plus en plus fréquent de termes resserrés, de raccourcis », malgré que Valéry dès 1894 en conçût si nettement l'idée, ce n'est pourtant qu'en 1919, dans *Note et Digressions,* que l'usage qu'il en fait témoigne d'une entière maîtrise. D'une *Introduction* à l'autre, il s'est produit dans le style comme un changement de vitesse. Or, le changement de vitesse dans le style correspond la plupart du temps à une variation de point de vue, à une attitude mentale différente, et il ne serait peut-être pas impossible de démêler en quoi consiste d'ordinaire la différence. Exactement, elle marque un certain passage de la jeunesse de l'esprit à sa maturité. Jeune, l'esprit vit *dans* sa pensée ; mûri, il vit *avec* elle, et l'écart entre les deux modes d'existence est d'une portée incalculable. Dans la jeunesse, l'esprit est au centre de sa pensée comme l'araignée au centre de sa toile ; du centre tout se développe, avec une sorte de régularité plane, de décours sinueux et tranquille qui échappe aux à-coups, aux encoches du temps, qui élude encore la résistance des choses. Mûri, l'esprit est avec sa pensée dans le même rapport que le cavalier avec sa monture. Tour à tour il l'excite, puis la retient ; mais quelque grand écuyer qu'il se montre, quelque étroite que soit sa prise, il n'adhère jamais à sa monture au point de s'identifier avec elle : à l'âge de la maturité la pensée devient, à un appréciable degré, un être libre, préservant une relative autonomie vis-à-vis de l'esprit même auquel elle se trouve attachée, et l'esprit le sait ; il sait aussi que ce n'est que par l'effet d'une illusion de la jeunesse qu'il a jamais pu croire à une identifi-

Valéry

cation réelle. De cette vérité, dès la première *Introduction*, plus que quiconque Valéry a pris la mesure ; à tout moment son esprit se sait distinct de sa pensée, quelle qu'elle soit, — séparé d'elle par l'irréductible conscience ; mais comme à son *Monsieur Teste,* il a fallu à Valéry des années « pour mûrir ses inventions et pour en faire ses instincts »; il a fallu tout le travail de la maturité pour que cette vérité — dont il avait jusqu'à l'ivresse savouré l'amertume — passât dans son style et en trempât définitivement le glaive.

Jusqu'à présent nous n'avons eu pour objet que de décrire une certaine attitude mentale, et, puisque enfin il fallait choisir, nous avons choisi dans l'*Introduction* ce qui nous paraissait le plus propre à l'éclairer. C'est dire que de la pensée de Valéry nous avons envisagé plus encore le fonctionnement que les résultats auxquels elle atteint. Mais la fidélité même avec laquelle nous nous sommes appliqués à la suivre nous autorise peut-être à nous en évader momentanément afin de mieux pouvoir lui rendre justice. Comme tous les grands esprits de qui la grandeur est en raison directe de leur particularité, Valéry a une méthode, et une méthode qui lui est strictement personnelle ; mais parce que nul n'attribue moins d'importance que lui à la chétive idée de personnalité, que d'autre part seuls le retiennent les rapports de l'ordre le plus général, il s'ensuit que toutes les fois où il construit la figure de son propre esprit, Valéry opère comme s'il construisait la figure de l'esprit « en soi ». Il se trouve ainsi amené à abstraire, à détacher, à inscrire dans l'universel des qualités qui reçoivent le meilleur de leur sève de racines intérieures invisibles ou dédaignées. Valéry a beau réduire à l'épure la plus sévère son idée de l'homme de l'esprit, — il a beau se cerner de toutes parts, — toujours quelque chose de lui s'échappe qui nous atteint en plein centre. Ce quelque chose, nous ne saurions prétendre à le définir avec exactitude, mais nous nous refuserions encore bien davantage à arguer de notre impuissance pour lui dénier une existence réelle. Qu'il me soit permis ici d'illustrer ma pensée par un exemple. Pendant longtemps un certain passage de *Note et Digressions* m'a fasciné au point de me faire subir un véritable envoûtement intellectuel ; le voici :

Si je commençais de jeter les dés sur un papier, je n'amenais que les mots témoins de l'impuissance de la pensée : génie, mystère, profond..., attributs qui conviennent au néant, renseignent moins sur leur sujet que sur la personne qui parle.

Pourtant si l'on accomplit l'effort de réflexion nécessaire pour se déprendre de l'attrait de ce point de vue, ne reconnaîtra-t-on pas que sous son air si strict il est peut-être un peu spécieux? Ces mots n'ont d'autre tort que d'essayer de traduire par leur caractère vague et approximatif l'incertitude même dans laquelle nous nous trouvons à l'égard de telles choses dont nous ne pouvons douter qu'elles soient, mais que nous n'avons nul moyen d'appréhender, de saisir, ni surtout de rendre directement : les mots ici sont honnêtes dans la mesure même où ils sont insuffisants; c'est au contraire s'ils allaient plus loin qu'ils manqueraient à la probité scientifique.

N'importe, cette méthode, peut-être pour lui seul complètement valable, pour lui du moins s'affirme authentique et souveraine. « Trouver n'est rien, disait M. Teste, le difficile est de s'ajouter ce qu'on trouve. » Ici encore Valéry a rempli l'attente de son personnage. Tout en lui est resté original et tout lui est devenu naturel : il est aujourd'hui en son point de perfection. Sachant que « parmi tant d'idoles que nous avons à choisir, il en faut adorer au moins une », Valéry a élu la précision, — et certes sa précision est sans prix, mais ne serait-ce pas à cause des purs, des multiples rayons qui s'y trouvent captés? Ne serait-ce pas parce que, au-delà même de la précision géométrique, — par la netteté des contours, l'éclat immobile et solitaire, l'extrême concentration des feux, la précision de Valéry est une précision astrale. Au risque de lui déplaire en faisant usage d'un mot par lequel il sera sans doute aussi choqué que l'était, selon lui, Léonard par l'hypothèse spiritualiste, je ne puis m'empêcher de conclure avec le vers de Wordsworth sur Milton :

Thy soul was like a Star, and dwelt apart [3].

---

3. Ton âme était comme une étoile, et existait d'une existence séparée.

Jean Levaillant

7. [TESTE]

> Cette étude est l'analyse méthodique et la lecture à plusieurs niveaux de *La Soirée;* elle situe le personnage de Monsieur Teste à sa véritable place — centrale — dans l'ensemble d'une œuvre et d'une évolution intellectuelle. Les pages ci-dessous sont révélatrices de la densité de ce texte, ainsi que de la nouveauté du regard que la critique tout à fait contemporaine porte sur l'univers ambigu de Valéry.

L'essentiel est ceci : sur tous les plans, la structure profonde de *La Soirée* est narcissique. Elle échappe ainsi aux nécessités, devenues secondaires, de l'ordonnance d'un récit, celles, par exemple, qui disposent linéairement les précisions fictives et minutieuses de dates fournies par l'ami narrateur. La topologie de *La Soirée* ne déploie pas l'espace d'un conte ou d'une nouvelle, mais les *lieux superposés* d'une expérience de Narcisse; expérience cette fois décisive et conduite à ses limites extrêmes. Aucune mention de miroir dans le texte, mais la surface réfléchissante est partout connotée. Les figures du mythe sont immédiatement présentes : l'enthousiasme de l'ami porté vers Teste, c'est l'amour de Narcisse pour son image idéale; cette image était d'un « spectre » : Teste est désincarné; spectre « inviolable » : Teste est inaccessible, inconnaissable; l'ami détourne son regard : afin que celui de Teste le « *surprenne* » et le « *suive* »; et les métaphores d'eau et de sable qui dessinent le lit de Teste installent le personnage dans le même décor liquide que le je idéal de Narcisse. L'emploi syntaxique du pronominal concourt au même effet, et renvoie aussi bien à Teste qu'à l'ami leur propre image. Le narrateur écrit d'abord « *j'ai pensé* », il corrige aussitôt : « *je me suis senti penser* ».

JEAN LEVAILLANT, *Genèse et Signification de « La Soirée avec Monsieur Teste »*, Paris, 1971, © Klincksieck.

Lorsque Teste rêve, c'est à « *sa propre malléabilité* ». L'ami se demande comment « *il se voyait* ». Même les actes matériels s'inscrivent sous l'aspect pronominal : Teste « *se dévêtit..., se tourna... se baigna... s'enfonça... se plia* ». Les structures fondamentales de l'appropriation par le langage emploient, pour donner forme aux objets mêmes, les voies de l'identification narcissique, c'est-à-dire du reflet : le linge du lit « *se tend... se plisse... se froisse... se caille* ». Dans la salle où le regard « *se brûle* », on voit « *se mourir le jour* », et lorsqu'on souffre, la douleur « *se dérobe* ». Ces exemples se retrouvent tous dans la formule finale : « *et me voyant, me voyant me voir, et ainsi de suite* ». Le monde est alors présenté comme un ensemble de foyers d'actions se reflétant sur elles-mêmes. Syntaxe de Narcisse qui clôt cette « sphère d'intellectualité » que Valéry souhaitait, dans *La Soirée,* rendre aussi « complète » que possible.

Davantage : l'espace du texte se déplie en deux espaces, intérieur et extérieur, un dedans et un dehors. *La Soirée,* c'est à la fois celle que l'ami a réellement passée auprès de Teste, et cette autre soirée passée à se souvenir, à essayer de se souvenir, chez lui, de la première : une soirée mémoire d'une soirée, un soir *réfléchi* dans un autre soir, et une distance, comme un brouillage, à travers cette disposition en reflets. D'où les efforts de mise en abîme par complémentarité. Deux constructions d'espace : un théâtre, une chambre, — une multitude, une solitude —, parfaitement symétriques par inversion. Le théâtre est plein et rouge, la chambre est vide et verdâtre : passage du dedans au dehors, du rouge au vert complémentaire qui naît sous les paupières fermées. Pendant le *jour* entier où l'ami songe à Teste, celui-ci n'est vu, par le souvenir, que la *nuit*. Ou bien, mise en abîme par superpositions homologiques. L'ami pensant vers Teste connaît les mêmes traversées désertiques, les mêmes difficultés d'énigmes que Teste pensant vers soi : à cet instant, « *apparaissent de curieuses formations* », dit l'un, et « *des étendues font leur apparition* », dit l'autre [1]. Jusqu'à ce

---

1. L'ami parlant de lui-même : « *Nous avons vieilli ensemble* »; et Teste : « *je me sens vieux* ». L'ami : « *nous apprécions notre pensée beaucoup trop d'après l'expression de celle des autres* »; et Teste : « *on*

point focal où la visée narcissique de chacun se disperse dans l'inaccessible : l'ami s'efforçant intérieurement de posséder l'image de Teste constate qu'elle « *s'altérait* », et Teste conduisant son extrême attention sur le lieu de sa présence intime, observe : « l'objet, *le terrible* objet, *devenant plus petit et encore plus petit, se dérobe à ma vue intérieure* ». L'ami devant Teste, et Teste — devant quoi? — rencontrent le même émiettement, ou le même recul, de l'idéal sublimé, pour l'ami, et de l'image indéfinissable qui le constituerait en totalité, pour Teste. Ainsi la structure narcissique en traversant successivement l'ami et Teste, débouche, ironie suprême, sur cette image brouillée, cet inconnu du désir, ce reste sans reflet, ce rien qui est pourtant quelque chose et que la conscience sublime de l'ami et de Teste ne pourra jamais saisir.

D'où les contradictions fondamentales de Teste, qui figurent la crise de la conscience occidentale et la tragédie de l'aventure intellectuelle en notre siècle. On est d'abord frappé par le contraste entre son extrême avidité de réalité brute, et son extrême pouvoir de déréalisation. Dans la salle de théâtre, une fragmentation parcellisante des vues permet à chaque éclat du réel d'échapper au traitement spéculaire habituel de l'ensemble dont il fait partie; « *un morceau nu de femme* », et non pas une femme, des « *éventails indépendants* », « *mille petites figures* », sont arrachés aux lois familières de la vision que dénonçait l'*Introduction à la méthode de Léonard de Vinci*, et apparaissent comme autant de réalités brutes, immédiates, pures : Teste éprouve la jouissance, — absolue —, du contact sans rêverie, sans mémoire. Mais on aperçoit aussitôt qu'un mécanisme de refoulement fait entrer cet éclat, ce « *morceau nu* », dans un réseau de lois nouvelles, où chaque élément prend sa place dans une structure abstraite; « *le suprême les simplifie* [...] *l'éclairage les tient* ». La

---

n'est beau, on n'est extraordinaire que pour les autres ». L'ami veut « *éclairer quelque situation douloureuse* », et Teste, à propos de la douleur, déclare : « *il y a des instants où mon corps s'illumine* ». Sans compter les réitérations directes, les effets immédiats d'écho :

Je dis en riant : « Vous aussi? »
Il répondit : « Vous aussi »? Et d'autres.

dévoration de la réalité du monde suppose *en même temps* chez Teste l'éloignement du monde, et la profondeur du vécu est alors niée aussitôt qu'éprouvée. Un regard en trop, un regard abstrait récupère à son profit, en annulant leur singularité, les signes jalonnant les chemins souterrains vers l'objet du désir. Au lieu de s'approfondir en se creusant, le monde recule et se mécanise. La prodigieuse attention de Teste absorbe l'infiniment petit au-delà duquel il n'existe plus rien : « *il ne perdait pas un atome de tout ce qui devenait sensible, à chaque instant* ». Comme les signes mathématiques, sa pensée embrasse immédiatement les totalités, les dénombrements complets : « *autrefois, en m'assoupissant, je pensais à tous ceux qui m'avaient fait plaisir* ». Mais cette manière de penser aux êtres n'est qu'une manière d'affirmer sa totale liberté : « *Rien de doux ne me pèse* ». Sa pensée d'ailleurs n'est pas nécessairement discursive ; il « *songe* », comme Novalis, comme les poètes ; mais la rêverie perd ses pouvoirs magiques de libération pour devenir la plus précise des méthodes. Rien ici du héros balzacien de la puissance dont chaque geste trahit une surabondance de vie. Le héros valéryen s'élève au plan du seul mécanisme des signes, comme un robot de l'absolu dont l'ambition dernière vise à réduire et classer toute trace de la vie. Teste voudrait rattraper le retard de l'esprit sur l'être et, par la « *discipline effrayante* » de la répétition, chasser toute différence, figurant ainsi dans son excès, au faîte d'une culture scientifique, l'idéal même du rationalisme occidental, fondé sur la recherche de l'être à travers la connaissance et les lois. Teste, ô Tête sublime, souveraine seulement des fragments et des surfaces, qui procurent l'apparence de la sécurité.

Mais monsieur Teste échoue. Bien sûr, il reste sensible à l'infiniment petit de chacune des variations du monde ; il est capable de contempler la pensée dans son hasard pur : « *nous tournions à des angles, dans le vide* ». Il est au bord de l'inhumain, qui supprimera l'art par excès de précision. Mais il échoue. Car sa conscience incessamment disponible du « moi » suppose en fait une ignorance extrême, un suicide masqué, une contradiction qui fait tout éclater. C'est l'échec de la conscience symboliste, l'échec de Mallarmé tel qu'avait pu le comprendre

Valéry

Valéry, l'impossible identification entre le *je* et l'*idéal du je*.

L'épisode du théâtre peut se lire à plusieurs niveaux. D'abord, c'est une métaphore de la société ; les spectateurs fascinés par la scène figurent les individus politiques dont l'attention s'oriente nécessairement vers tel ou tel événement et qui obéissent, libres seulement d'un « *petit mouvement* », à l'ordre qu'ils portent en eux sans le savoir : Teste mécanise le collectif, politique ou social. C'est aussi une métaphore du fonctionnement de la pensée : l'acte d'attention de Teste, dans ce théâtre que Valéry plusieurs fois a dessiné en lui donnant la forme d'un cerveau, se porte sur les phosphorescences, les émergences de l'instinct, les images fractionnées qui apparaissent ici ou là et constituent tel « état de conscience » qui naît et disparaît, la pensée derrière le regard, orientée vers cette ouverture : la scène où il se passe une chose quelconque, « *n'importe quoi de sublime* » ; le théâtre géométrise, dans la perfection concrète de ses lieux étagés que touche l'ombre ou la lumière, une topologie de la conscience en mouvement. Triomphe de Teste, alors, triomphe de ce regard de l'intellect qui réussit à dominer le spectacle en se séparant des formes les plus sournoises de l'incarnation, en s'exhaussant hors des pulsions charnelles ? Tout au contraire. Tandis qu'il se croit délivré du corps, Teste mime les postures d'une scène, la plus charnelle, où l'inconscient se venge : à l'insu du héros, nous voyons une « autre scène » à travers un texte extraordinairement exposé. Le symbole phallique est ici fonctionnellement situé : Teste se présente « *debout avec la colonne d'or de l'Opéra; ensemble* » ; on aperçoit la forme de « *tout son bloc vêtu, étayé par la grosse colonne* » ; il est séparé des autres par une « *immense fille de cuivre* » ; on voit « *sa face enflammée où soufflaient la chaleur et la couleur* » ; il aspire « *la grande bouffée brûlante, au bord du trou* » ; « *il était rouge* ». Ses paroles prédisent et commandent aux organes l'accomplissement de l'acte : « *ils seront égaux devant la crise ou limite commune* », « *qu'ils jouissent et obéissent* ». Puis c'est la retombée de l'ardeur, le déclin du rayonnement et le repli sur soi lorsque cet érotisme qui ne veut pas se connaître a trouvé son achèvement. L' « autre scène » s'inscrit donc en clair dans cette « représentation » du théâtre, et il faut tout le contexte sémantique de la sublimation intellectuelle pour qu'on ne la déchiffre pas dès le premier regard. Éros énergumène prend sa revanche, et c'est au moment où Teste et l'ami se croient, par ce voyeurisme sublime, le plus sûrement protégés de la libido qu'ils en manifestent le plus visiblement la puissance. Deux systèmes extrêmes dans une même écriture, double registre partout présent ensuite dans l'œuvre poétique de Valéry.

[...] D'autre part encore, Teste, idéal du je, renvoie au sujet narrateur (l'ami) une image unifiée et totalisée qui pourrait le guérir de l'angoisse de morcellement et de dispersion du moi suggérée au début du texte ; cet homme statue, cette forme pure sans détails, cette mécanique autonome a trouvé le secret de la présence absolue par le dépouillement le plus total. *« Il tuait ses joies »*, il *« tuait l'assentiment poli »*, il a supprimé les gestes qui disloquent le corps, il ramène à une espèce d'unité d'absence l'organisme charnel, de même qu'en 1892 l'aliénation par le mythe du « moi pur » avait délivré Valéry de l'émiettement angoissant que les pulsions de l'Éros lui faisaient éprouver, quand il sentait, sous le coup d'une rencontre trop désirée, ses jambes, sa voix, ses regards, ses mains devenir autonomes et se détacher de son pouvoir. Anxiété d'impuissance apparemment guérie par le « Système », par la suppression du corps au profit de l'intellect. Mais Teste, à la fin de *La Soirée,* connaît lui aussi, — et maintenant sans remède, — cette dislocation, cette dé-totalisation qui le livre aux puissances du rêve. Fragment par fragment, il se défait. Et le morcellement se manifeste par ce démontage en *« aigrettes »*, *« anneaux »*, *« éclairs »*, riposte dans la nuit des éléments jusque-là méprisés ou ignorés au profit de l'Un, et qui s'arment agressivement pour la douleur intérieure, retirant même à Teste l'illusion qu'il pouvait entretenir sur la possibilité d'une origine radicale de sa puissance : *« c'est là, pourtant, que je devrais commencer »*. La cuirasse cassante est cassée. L'épisode de la douleur physique *(« chose en soi momentanément irréfutable »)* prend alors tout son sens. Car réduire la sensation douloureuse au langage mécaniste ne suffit plus, le modèle fondamental de la souffrance devient inconnaissable, devient *« cela »*, devient « l'objet, *le terrible* objet » que l'esprit ne peut d'aucune manière intégrer. Alors que les existants perçus se laissent ramener à une structure mécanique qui contient leur loi, l'existant vécu reste irréductible à toute structure, et retourne à la réalité de l'informe et de l'impénétrable. Au-delà de la continuité heureuse entre l'esprit et le vécu, affirmée deux ans plus tôt à travers Léonard dans l'*Introduction,* un hiatus, une discontinuité de nature est révélée malgré lui par Teste.

D'ailleurs, *La Soirée* contient sa métaphore fonctionnelle, la clé de sa définitive contradiction, lorsque vers la fin Teste déclare : « *Je suis étant, et me voyant; me voyant me voir, et ainsi de suite.* » Nous sommes à l'opposé de Descartes, puisque le sujet cartésien, ne le cogito, ne peut plus connaître de rupture décisive, tandis que l'expérience de Teste — l'expérience valéryenne — fait éclater toute présence du sujet : il faut que l'absence jaillisse de la présence même pour que la conscience apparaisse. Mais cette conscience, et le sujet, sont faits incessamment d'une brisure, d'un décollement, entre l'étant, sans particularité, absorbant toute sensation dans la répétition, et un mouvement d'échappement insaisissable puisque c'est un regard en surplomb, un regard en trop sans repère fixe qui vient à chaque instant figurer une nouvelle origine du regard : il n'y a pas de proto-regard, il n'y a pas de moi pur, mais seulement un rebond de différences, une évasion hors de l'extériorité menaçante et inaccessible du signifiant. « *Je* » ne peut donc s'identifier ni avec « *étant* » ni avec « *voyant* », et au moment où il croit se fonder comme sujet, celui-ci devient objet pour le sujet qu'il doit être : de lui se regardant, c'est encore un autre « *je* » en lui qui a le spectacle. Le sujet devient alors irrattrapable. Qui est *je,* si un autre *je* doit aussitôt anéantir le premier en objet, et ainsi de suite? *Je* est discontinu, une course de différence en différence. Il y a donc à l'infini plusieurs sujets espacés d'un regard, et le *je* de *suis* n'est qu'un point géométrique, une fiction, un être de raison insaisissable, fait pour que les autres sujets puissent un instant s'y recouper sans s'y reconnaître. L'acte du sujet est ainsi incessamment désaffecté, irrémédiablement séparé de l'existence. L'ambition de Teste : absorber l'existence dans le moi pur, porte dès lors en elle son incapacité tragique et son leurre originel.

Cet échec, ne serait-ce pas la vraie grandeur de Teste ? Recréer la vie à partir de l'esprit, quel idéaliste n'y parviendrait, avec un peu de savoir-faire ? Quel intellectualiste n'a pas réussi ce tour ? Teste ne peut se satisfaire si vite. Il met à nu le drame caché et les mystifications de l'intellectualisme. À la fin d'un siècle surchargé d'aventures et de découvertes, Teste pose à nouveau tous les problèmes. Attentif à ne pas croire aux mots pour rien, son expérience fondamentale est celle de l'existence irréductible au langage et à l'esprit, et pourtant inconnaissable autrement que par l'esprit et le langage. Ayant tenté d'isoler l'esprit et le moi comme on isole des corps chimiques, Teste exprime la grande tragédie de l'intelligence, et, à l'aube de notre siècle, il ouvre sur le fonctionnement du sujet et du moi, sur leur rapport au corps, sur la physique et la métaphysique du signe et de la différence, il ouvre, peut-être sans bien le savoir, quelques-unes des questions qui n'auront plus de fin.

Ned Bastet

8. [FAUST]

> Dans une importante introduction à son étude du *Faust,* M. Bastet analyse le problème central dans la pensée valéryenne qu'est *le problème du cycle;* cette analyse, dont on ne donne ici que l'essentiel, appelle de très larges développements : la situation faustienne est révélatrice à cet égard.

[...] Valéry, on le sait, a tenté de dégager la formule universelle qui permette de représenter tous les phénomènes sous leur aspect fonctionnel : trouver le méca-

---

NED BASTET, « Faust et le Cycle » in *Entretiens sur Paul Valéry,* [Cerisy, 1965], © Mouton, Paris-La Haye, 1968.

Valéry

nisme qui produit n'importe quoi. Or, ce schéma universel, Valéry, dès le départ de sa réflexion, croira l'avoir rencontré dans les lois de la thermodynamique, et l'idée du cycle énergétique deviendra l'instrument privilégié de son analyse. Cycle énergétique, c'est-à-dire écart, sous l'effet d'impulsions externes, d'un état d'équilibre initial et retour à cet état d'équilibre à travers des transformations diverses qui tendent à annuler l'écart provoqué, ce que Valéry appelle quelquefois l'« élongation ». Ce concept de l'annulation est polyvalent chez Valéry. Il s'agit toujours, dans tous ces phénomènes, de revenir à zéro. C'est en fonction de ce schéma qu'il représente les mécanismes psychologiques, ceux de la sensibilité, de l'affectivité, par exemple (un désordre qui tend à retourner à un état de neutralité, ou à ce que Valéry appelle « égalité »); ceux, bien sûr, de l'acte réflexe comme de l'acte volontaire; ceux mêmes, en un sens, de la pensée qui apparaît comme le passage d'un désordre à un ordre, un ordre précaire, qui se défait pour retourner à une sorte d'état d'indifférenciation. Toutefois, et c'est là la dialectique particulière du cycle, si l'écart tend à restituer l'équilibre, ce que Valéry appelle quelquefois le *cours naturel,* à peine restitué, cet équilibre tend à se perturber de nouveau. C'est dire que le cycle résolu suscite un nouveau cycle, et ainsi, en principe, à l'infini; l'énergie se remet en jeu, mais dans ses bornes limitées, finies, c'est-à-dire sans apport nouveau et, ce qui est essentiel, sans but extérieur à elle-même. Telle est dans ses grandes lignes la notion du cycle qui semble commander le mode de la représentation valéryenne; et telle est en particulier la loi de la vie. La vie obéit sans problème à cette fatalité du cycle; elle tourne en rond. Rien de plus caractéristique à cet égard que l'impuissance valéryenne à réellement accepter et intégrer le phénomène de l'évolution, qui reste pour lui un mythe. Il ne peut faire autre chose que de voir dans le biologique, ne disons pas, ce qui serait trop métaphysique, un *vouloir* de type schopenhauerien, mais un mécanisme aveugle de répétition. Comme il le répète si souvent, l'organe fait du sang qui fait de l'organe; cycle fondamental individuel, qui est lui-même transcendé par le cycle supra-individuel de la reproduction, l'individu étant l'instrument dont se sert l'espèce pour se continuer en se répétant en d'autres individus. Et voilà bien une forme, au moins, et première, de l'éternel retour.

Or, l'esprit ou la conscience, que la vie a d'abord suscité comme moyen expédient de la réalisation de son propre mécanisme, par le fait même d'un « trop », d'un excès inemployé, échappe à la giration du cycle et se constitue par lui-même, comme témoin extérieur à la vie, extérieur et étranger, plus même qu'étranger : contraire. Certes, en tant que phénomène naturel, en tant que nature, l'esprit est lui aussi régi par un fonctionnement fini et cyclique ; l'énergie psychique a ses phases, ses durées, ses retours à zéro, etc., mais il est aussi, et surtout, ce qui, dégageant le schéma potentiel, la « puissance » au sens aristotélicien du terme pourrait-on dire, en toutes choses, en rend inutile, pour lui-même, l'actualisation et la répétition. Comprendre un phénomène, comme le répète à satiété Valéry, c'est l'annuler, et l'annuler une fois pour toutes. L'esprit abhorre la répétition parce qu'il la sait, la prévoit, la réalise d'avance, la contient potentiellement en conscience.

[...] En tant que mythe, Faust est réincarnation, c'est-à-dire retour. « Le personnage de Faust, dit l'adresse au lecteur, et son affreux compère ont droit à toutes les réincarnations[1]. » Archétype résurgent à tous les moments décisifs de l'histoire, encore une fois, « cent ans après ». Dans le prologue projeté devait figurer un monologue de Gœthe, *Redivivus,* mais aussi et plus largement un « Monologue du Poète (Gœthe) qui est Adam, qui est aussi l'Homme ». Et aussi : « Faust éternel. Comme j'ai grandi, se dit-il, depuis que je suis mort. » Voici donc une première perspective qui fait naître le symbole même du retour éternel, qui est le Phénix : « Faust, dit un fragment, est le Phénix. Ce nom pourrait être le titre d'un de mes drames. » Mais plus profondément, plus subtilement, si le Faust valéryen est une figure du retour, l'ambition secrète qui l'anime est d'épuiser ce retour une fois pour toutes, de le rendre impossible, de l'achever. Il rêve d'être le dernier Faust comme il est arrivé parfois à Valéry de rêver d'être le dernier homme, ou d'écrire enfin l'œuvre qui rendrait

---

1. *Œuvres complètes,* t. II, p. 276.

Valéry

impossible toute autre. C'est cette intention essentielle, insuffisamment manifeste dans la part publiée, que je voudrais dégager maintenant.

Faust, ne l'oublions pas, est par excellence le héros de la revie, celui qui, ayant parcouru une première fois le cycle entier de la destinée humaine, a eu le considérable privilège de la *re-vivre;* c'est ce que dira Faust à Lust à l'acte II, scène 5, dans le jardin : « J'ai été jeune, Lust. J'ai été vieux. Et puis j'ai été jeune encore... — Alors, dit Lust, le tour entier. — Oui [2] ! »

Et plus longuement à la scène 1 de ce même acte, au disciple : « Le soleil d'une vie se lève en un point de l'horizon, se dégage des brumes... puis décline et disparaît... L'homme est donc une sorte d'éphémère qui ne revit jamais ce jour unique qui est toute sa vie... Mais moi, mon jeune ami, j'ai vu par l'intervention de puissances mystérieuses, j'ai vu le jour de ma vie se poursuivre sous l'horizon fatal... Puis, toujours entraîné par ma fatalité, je revins dans le temps... Je vins revivre. Je revis. Je vis, je vois, je connais, si c'est vivre, voir, connaître que de revivre, de revoir, de reconnaître [3]. »

Voilà le problème essentiel du Faust valéryen parce que, comme nous l'avons vu, c'est au fond un des problèmes essentiels de Valéry lui-même. C'est certainement cet aspect du mythe de Faust qui l'a le plus fasciné, qui s'est imposé à lui, qui l'a conduit à s'identifier à son héros, à le charger dans une sorte de psychodrame théâtral d'exprimer et de vivre son obsession, sa tentation et l'énergique besoin d'une délivrance. Dans une note qui est certainement antérieure à 1940, c'est-à-dire au début de la rédaction de l'œuvre, le thème est déjà clairement et nettement posé. « Faust, rejeté par le Ciel comme par l'Enfer, irréductible à élu comme à damné... se trouve condamné à revivre qui est pour lui comme faire semblant de vivre. Il en sait trop pour vivre, trop pour mourir qui ne lui apprendrait rien. »

Aussi, lorsque dans la retraite de Dinard, en 1940, il se met très rapidement, sans plan, sans idées directrices, à improviser de premier jet la scène inaugurale

---

2. *Ibid.*, t. II, p. 320.   3. *Ibid.*, t. II, p. 312.

de *Faust,* scène qui ne sera pas retenue et fera place au brillant dialogue avec La Demoiselle de Cristal, c'est sur ce thème que s'ouvre le monologue de Faust dans le crépuscule : « Mais revivre... vivre, comme je fais, une seconde vie, dans laquelle toutes choses étant presque les mêmes, aucune n'a les mêmes effets sur l'esprit... C'est une sensation extraordinaire que me produisait l'absence du sentiment de nouveau. Quoi qu'il arrive, je me souviens de l'avoir vu, vécu, subi, compris... Il n'est plus d'événement pour moi. »

Le serviteur, intervenant : « Monsieur le Professeur, la nuit tombe. Faut-il fermer la fenêtre ? »

Et Faust : « Ferme, ne ferme pas. Ainsi de tout... Ne suis-je pas le seul vivant que des circonstances absurdes aient mis dans cette condition d'être comme mort, et comme immortel ? » Ce qui nous fait songer, d'ailleurs, à un vers fameux de *La Jeune Parque.*

Condition absurde ? Oui, si le symbole de l'absurdité est justement ce recommencement éternel. Ce n'est plus le mythe de Phénix maintenant, c'est celui de Sisyphe, et nous voyons dans le tome XXVIII des *Cahiers* Valéry appeler son Faust *le Sisyphe de la vie* [4] (tout comme, nous le verrons tout à l'heure, il aura instinctivement recours à la figure de Caligula lorsqu'il s'agira d'incarner le refus radical que la conscience oppose à la vie). « Que de fois ai-je fait ceci ou cela ! Respiré. Aimé. Passé par cette porte. Souffert d'un mot, d'un membre... mangé du pain et de l'esprit. Été ébloui d'une idée qui me vint ou d'un bonheur unique. Car l'incomparable aussi se répète. »

Comme le dira d'avance désespoir Faust : « Je suis celui qui fut », car tel est ce que Valéry appelle la logique du revivant : « Tout ce qui se dessine s'achève aussitôt dans son esprit. » À quoi bon le vivre désormais ? Et c'est là la malédiction faustienne. « Pour Faust — le Cycle — l'horreur du Cycle... », car à l'*amor fati* nietzschéen, Valéry oppose de tout son être l'*horror fati.*

Il nous faut cependant aller plus loin et débusquer la vraie signification de cette re-vie, de ce que Valéry

---

4. *Cahiers,* t. XXVIII, p. 921.

appelle lui-même « le mythe du revivre », car en fait il ne s'agit pas seulement de repasser par des événements identiques, ou de prolonger en la répétant l'expérience humaine. Cette damnation de Faust n'est pas à la fin, elle est en quelque sorte au départ, car la revie n'est que la figure de la conscience — de cette self-conscience qui a été l'idole initiale de Valéry. Comme il l'écrit : « Sous le mythe du revivre, mon Faust n'est autre chose que conscience des plus développées pour laquelle... les impressions qui viennent excitent la connaissance de leur suite très probable. Faust sait par cœur... Tout lui semble non déjà arrivé mais déjà vécu... le superconscient équivaut à *Redivivus*. » C'est que prendre conscience de la vie, c'est la saisir à ses racines, là où elle est encore « en puissance » (pour parler aristotélicien), mais la saisir « en puissance », c'est posséder du même coup, au moins idéalement, toutes ses actualisations possibles, et tarir à leur endroit toute curiosité et tout désir. La conscience donne tout dans l'instant et rend inutile par conséquent le déroulement de la durée où il n'y a rien de plus pour la conscience que ce qui était contenu en germe dans l'instant.

Faust à ce compte n'est rien d'autre que monsieur Teste tirant la leçon de son expérience. « Sa vie, dit Valéry, a été menée avec la passion d'épuiser le *possible* d'un homme. Il a vécu le plus profondément et intensément, cherché et trouvé ses limites. Maintenant il lui faut vivre de sensations usées et de pensées déjà si pensées qu'à peine elles se dessinent, elles expirent. » Et encore : « Tout ceci me punit d'avoir passé toute ma vie à épuiser ce qu'elle m'offrait. Je voulais vivre une fois pour toutes... Mourir non interrompu, mais achevé... mais ce projet téméraire devait nécessairement me conduire à détruire et à braver tout ce qui range la vie d'un homme dans un ordre de choses humaines... Le châtiment devait s'ensuivre. L'Enfer n'eût été qu'une nouveauté de plus pour moi. Et je ne sais quand cette peine aura son terme. »

C'est donc à tort que, sur la foi du beau monologue apaisé du deuxième acte, on ferait de cette œuvre l'expression d'une sagesse nouvelle et réconciliée avec la vie. C'est un Faust malheureux que celui que Valéry appelle *Mein Faust,* qui ressent « le mal de revivre » comme un supplice. Et nous avons vu que le mal de revivre n'est ici que le symbole de la conscience totalement lucide et un Faust, comme il est dit à plusieurs reprises, non seulement malheureux, mais « puni ». « Faust *sauvé,* est cependant *puni.* »

Le quatrième acte de *Lust,* au moins dans sa conception primitive (car cet acte prendra brusquement un autre départ et un autre sens en cours de route), devait montrer sur un mode tragique, que laisse mal pressentir l'ironie des actes publiés, toute l'amertume de cette punition. « Alors qu'arrive-t-il de l'affectif? demandait Valéry dans une note. " Aimer ", " jouir ", " craindre ", ont-ils un sens? » Et la grande confrontation sentimentale entre Lust et Faust qui occupait ce quatrième acte devait montrer justement Faust prenant douloureusement conscience de cette impossibilité. La « grande scène » — car c'est ainsi que Valéry appelle ce qui devait être la scène 3 du quatrième acte — opposait Lust, incarnation du « mysticisme vital », qui croit en la vie, qui croit en le futur, qui supplie Faust d'y croire, et Faust qui pathétiquement, douloureusement, mais lucidement, s'y refuse. Voici quelques bribes de cette scène 3 : « *Faust :* Je ne veux refaire... Je connais minute par minute ce qui se passe. Je sais ce que je vais dire car je l'ai dit déjà... Ne sais-je pas à présent ce qu'il faudrait te dire? et ce que tu répondrais... même sans parler? Ce que tu attendrais? Va pleurer et puis reviens. »

Et ce commentaire pathétique : « Ah! Lust! Tu es celle qui vient *trop tard...* Je sais trop ce qui arrive et ce qu'il y a dans le coffret. »

Tels sont les fruits amers de la répétition, c'est-à-dire de la conscience. « Si je faisais le *Faust III* réellement, écrit Valéry, et non réduit à ces amusements, Lust et le Solitaire en esquisses, je ferais un Faust victime du retour éternel, châtié d'avoir voulu recommencer [5]. »

À cet instant, le problème essentiel apparaît donc celui d'échapper au cycle, de rompre la malédiction du recommencement, de « la rechute dans le temps », comme l'ambition du bouddhisme est d'arracher l'être à l'angoisse de la réincarnation. Le rapprochement

---

5. *Ibid.,* t. XXIII, p. 894.

Valéry

n'est pas arbitraire, Valéry lui-même l'a esquissé en 1944 : « La mort interrompt le cercle, mais ne le rompt pas puisqu'elle est un caractère de la vie — mais ceci est du bouddhisme [6]! », écrit-il dans les *Cahiers,* t. XXIX. La mort, de fait, n'est pas une solution acceptable : elle est trop naturelle pour cela. Partie intégrante du cycle éternel — de la vie - mort - vie, elle nous remet dans le jeu et nous restitue à l'humiliante condition d'un moment insignifiant, interchangeable de l'espèce (et notons entre parenthèses que non seulement l'esprit refuse pour lui-même de retourner dans le cycle, mais qu'il voudrait en un sens l'interrompre définitivement, être le dernier : « C'est une idée insoutenable, confie-t-il à ses notes, qu'il y aura des hommes après nous »). Anonyme dans son acte, la mort est non moins arbitraire dans son moment, simple interruption fortuite, pur « événement ». Il ne suffit donc pas à l'esprit d'intégrer, de neutraliser la mort par son acceptation intellectuelle. (« Arriver, dit-il, à ce point de sagesse, c'est dire d'observation limpide et de regard que rien ne trouble, que la mort nous soit aussi peu de chose qu'elle l'est pour la nature de la vie... [7]. » Et encore : « Le but de perfectionnement d'une vie, ou organisation mentale... pourrait être de comprendre en profondeur la mort comme condition de la vie... comme besoin [8]! »)

Il lui faut, à cet esprit, s'inventer une autre mort, une mort qui ne fût plus seulement *interruption,* mais *achèvement,* et donc légitime. Projet obscur que peut nourrir chacun. « Il est au fond de chaque moi, écrit-il, dans un des tout premiers *Cahiers,* une idée naïve de la mort [qui est] de vouloir différer cette mort jusqu'à un jour imaginaire où rien ne resterait à vouloir, ni à faire, ni à sentir. » Mais ce projet, présent donc dès le début, va prendre force et forme. Il écrira tout à la fin, dans le dernier cahier : « La mort est très rarement autre chose qu'une interruption définitive... On peut cependant concevoir des cas où elle soit naturelle, c'est-à-dire *par épuisement (relatif) des combinaisons d'une vie.* C'était mon idée pour le dialogue *(Peri tôn tou*

---

6. *Ibid.,* t. XXIX, p. 250.
7. *Ibid.,* t. XXIX, p. 276.
8. *Ibid.,* t. XXVI, p. 315.

théou) [9]. » Dans un autre passage : « Et enfin conception de la mort (naturelle). Épuisement des combinaisons Daïmon du *Peri tôn tou théou* [10]. » La seule issue, acceptable pour la conscience, à la servitude du retour éternel, c'est donc cette mort non plus empirique mais « naturelle, dit-il, comme d'une maturation où tout l'être se résume et se résorbe ». De la « transparente mort » de la jeune Parque à la Colombe où s'expire Sémiramis, on pourrait relever au long de l'œuvre bien des expressions ou des symboles de cette sorte de suicide intérieur par exhaustion du contenu de la conscience, point d'où la mort apparaisse suite logique et voulue, où l'être au plus haut s'évanouisse intégrant et liant dans le même acte instantané toute sa durée antérieure.

Cette extinction du moi, qui suppose par conséquent plus qu'une adhésion volontaire, puisqu'elle est le but ultime qui sous-tend son effort — ce suicide dans la flamme de l'instant — c'est le vrai sens du « Solitaire ». « Le Solitaire, dit-il dans les notes inédites, c'est le Suicide. » Et encore : « Le Solitaire abhorre la redite ; il est la tangente. » La tangente qui échappe à la giration du cercle et qui se perd. Et encore : « Le Solitaire. Explicite Faust à Faust. Exhaustion totale. Le vide interplanétaire. » Il explicite Faust à Faust car, comme il l'est indiqué clairement dans les brouillons, si Faust est l'homme, le Solitaire est la conscience, où l'homme finit par se reconnaître, à laquelle il s'identifie au terme de sa saisie de lui-même. « Faust. Le Personnage est celui qui ne veut pas de redite et qui veut épuiser ce que veut un homme... D'où l'identification avec le Solitaire. »

La fin du Solitaire ne devait donc orchestrer le thème majeur de ce que Valéry a appelé « la dernière pensée ». « Faust-celui qui épuise-l'Ange-et cherche la dernière pensée, le mot de l'énigme. » Et encore dans un petit cahier vert où Valéry a consigné divers projets pour *Faust* : « Essai de la formation de la Dernière Pensée, celle qui extermine la faculté de penser. *Cf.* manuscrit trouvé dans une cervelle. Le Cycle. » Là aussi on pourrait montrer la persistance évidente d'une préoccupation. Certaines confidences des *Cahiers*, notées

---

9. *Ibid.*, t. XXIX, p. 765.   10. *Ibid.*, t. XXIII, p. 74.

du sigle tout personnel de « Ego », vont nous aider à expliciter cette démarche. « En somme, écrit Valéry, je cherchais à me posséder et voilà mon mythe, à me posséder pour me détruire, je veux dire pour être *une fois pour toutes* [11]. » Ceci encore : « La fin de l'homme pensant me parut être de s'essayer à prendre conscience de son organisation, de ce qu'elle peut et peut produire... et enfin de la dominer *une fois* et de la mépriser... avant de rendre le tout au Tout qui est rien [12]. » Deux temps, donc, dans cet effort intellectuel, le premier aboutissant à la complexe unité d'une construction intellectuelle, transparente, où tout se tienne et se compose, ce que Valéry appelle en poésie « tête complète et parfait diadème », tête achevée et détachée, selon tout un symbolisme de la tête, et de la tête coupée, de la tête détachée, que je n'ai pas le temps de développer ici.

« J'aurais voulu te vouer à former le cristal de chaque chose, ma Tête... pour en tirer les puretés qui te fassent ton monde propre, de manière que ta lumière dans cette structure réfringente revienne et se ferme sur elle-même dans l'instant, substituant à l'espace l'ordre, et au temps une éternité [13]. » « Structure parfaite, enceinte close », dit une note qui se réfère à l' « Apocalypte Teste ». Je cite : « Par quelle fissure pourrait Dieu s'insérer dans cette enceinte bien close? Le langage est maintenant fermé sur lui-même. Les images et le monde, tu les as portés à la pureté de l'insignifiant, de n'être que ce qu'ils sont... »

« Tête parfaite, soit, mais encore, à quoi sert une tête parfaite, une tête " achevée ", sinon justement à être coupée? » C'est ce que dit énergiquement une note inédite qui rapproche Faust de Caligula. « Tout le savoir dans une tête, et la couper, se la couper. » Voilà ce que Valéry appelle son « caligulisme intellectuel ». Et dans un autre texte inédit, emprunté au prélude de *Faust* : « Que fais-tu, malheureux... qui ne fais rien, qui ne vises à faire tenir toute vie, et la tienne, et le monde, et l'esprit, dans le creux de ta main, dans un symbole, dans un instant. Une formule... le royaume du Temps dans une formule, dans une formule », parodiant le mot

---

11. *Ibid.*, t. XXIII, p. 289.
12. *Ibid.*, t. XXVI, p. 389.
13. *Ibid.*, t. XXIV, p. 3.

de Richard III, après celui de Caligula, cet autre terroriste. « Extraire de Soi, continue le même passage, ce qui, extrait, retire à l'individu toute importance. » Tel est le but ultime de la connaissance : non point aboutir à la contemplation statique d'une structure intellectuellement close, mais, cette structure une fois saisie, restituer l'esprit à l'ultime liberté sans objet où il redevient potentialité pure et inutile. « Cette extrême connaissance ressentie, dit-il, serait aussi la dernière pensée possible, et comme la dernière goutte de la liqueur qui emplit tout à fait un vase. La mesure étant comble, la durée de ma vie me semblerait exactement épuisée. » Voilà ce que dit Socrate à son médecin dans le petit dialogue que vous connaissez [14].

Mais encore, quelle est donc cette dernière pensée qui met un point final à la connaissance et à la vie ? Quelle est cette connaissance ultime sur quoi devait s'achever le Solitaire ? Rien d'autre que cette très ancienne « découverte » de Valéry au commencement héroïque de sa révolution intellectuelle, cette conviction peut-être la plus essentielle de son système de pensée, celle du moi pur, c'est-à-dire cette perpétuelle possibilité pour la conscience de se distinguer de quelque objet qui l'occupe. Comme il l'écrit, à propos du Solitaire justement, dans le cahier vert : « *Tout est phénomène devant la conscience;* Tout produit finalement la réponse : tu es un des possibles de mon possible. JE ne suis rien qui soit; je suis le Zéro qui écrit tout. A = o, le second membre. » Ne concevons point ce moi pur comme une réalité positive qui se puisse saisir comme une sorte de fond mystique de l'être. Il est en fait pure énergie de négation qui suppose quelque chose à nier, réflexe second, ou, comme le dit de façon caractéristique Valéry, « recul du canon ». Il n'est rien d'autre que cet incessant pouvoir de la conscience, en face de quoi que ce soit qu'elle pense et sente, de dire : je ne suis pas cela. De négation en négation, l'esprit reflue enfin dans la généralité de son acte qui est d'être refus universel, mais à l'extrême de son mouvement récurrent, l'esprit ne trouvant plus rien à rejeter s'évanouit comme meurt la flamme qui a tout consumé. Reste donc toutefois cet

---

14. *Œuvres complètes*, t. I, p. 370.

instant suprême, le plus haut car il résume tout, et le plus ponctuel car il foudroie ce tout en un seul éclair, qui est justement ce que Valéry appelle la « dernière pensée ». Tel est l'instant, dit-il, où « le plus simple de l'être se dégage », et que le Solitaire devait très magnifiquement exposer à Faust à la fin du troisième acte.

Tout, par conséquent, dans une tête et la couper ; mais comprenons que c'est dans cet acte ultime où l'esprit « éclate » qu'il fait l'épreuve, dans l'universalité et la liberté souveraine de cette énergie sans visage et sans limitation d'aucune sorte qui le constitue en fait. L'univers tout entier des choses, et l'univers tout entier de la conscience, n'auront à la limite servi qu'à susciter cet acte réactif où l'esprit bondit par-dessus lui-même, échappe et disparaît. Et l'univers avec lui, car, comme le dit Valéry : « L'esprit est peut-être un des moyens que l'univers s'est trouvé pour en finir au plus vite [15]. » C'est comme si l'univers, en effet, au même titre que la conscience, aspirait lui aussi à cette délivrance : sortir du cycle, échapper à l'éternel retour en trouvant le « mot de l'énigme », la pensée ultime dans tous les sens qui le rendrait inutile et le restituerait au vide. Tel est le sens d'un conte qui figure dans le cahier de l'année 1927 et que Valéry a ultérieurement songé à introduire dans le troisième *Faust,* et qui met en cause un personnage au nom biblique de Baruch. « Cette idée parut à Baruch si satisfaisante, si claire, si riche, si infinie, qu'il lui apparut qu'elle annonçait, et même qu'elle exigeait, la fin du monde, personne ne pouvant désormais rien penser, découvrir qui valût après elle que l'univers continuât d'être. D'où il rêva de suite que le monde était suspendu en tant que durée, à l'arrivée d'un coup heureux ou plutôt d'un certain coup d'entre les coups que sont à chaque instant les idées des hommes... Des milliards de balles jouées, et si l'une touche le but, la sonnette sonne et tout le décor s'effondre. »

Il s'agit par conséquent de trouver la « dernière pensée », et alors ce coup de dés heureux abolira pour tout de bon le hasard, pour parler en termes mallarméens, c'est-à-dire l'être empirique de l'univers. Ce

---

15. *Cahiers,* t. XV, p. 582.

devait être justement le final du troisième *Faust* : « Le monde va finir, l'heure approche, le moment où l'on aura compris, où le monde sera épuisé, déchiffré, percé. Les esprits affolés. »

L'univers n'aura pas été rompu ni interrompu dans cette perspective poétique. Il se sera résorbé dans le silence et dans le vide. En septembre 1943, Valéry écrit : « Le monde fait pour... [cette idée naïve] aboutir à une formule, à un beau livre, [et ici c'est Mallarmé dont Valéry dit à la même époque : " Aboutissement chez Stéphane Mallarmé à l'idée de la consommation du monde par l'expression [16] "] etc., à sa ruine. Résumé à quelque chose de mieux ou à zéro. » Mais ce dilemme est en fait un faux dilemme, puisque formule, livre, etc., ne sont que des conclusions en quelque sorte pénultièmes, qui à leur tour se dépassent par exhaustion complète. Peut-être y a-t-il, plus profondément que l'aveugle volonté du monde, au sens schopenhauerien du terme, de se conserver, comme une secrète nostalgie du monde de se détruire, de retrouver ce que Valéry a appelé à la fin d'*Ébauche du serpent,* la « pureté du non-être », et l'esprit serait alors son plus secret moyen. J'ai déjà cité ce mot troublant : « l'esprit est peut-être un des moyens que l'univers s'est trouvé pour en finir au plus vite ». Sa flamme doit consumer et la conscience débouche sur le vide. C'est le sens d'une petite « fable » qui figure au tome XXVI des *Cahiers* et qui dit ceci : « La connaissance ayant tout dévoré, ne sachant plus que faire, considère ce petit tas de cendres et ce fil de fumée qu'elle fit du Cosmos et d'une cigarette[17]. »

---

16. *Ibid.*, t. XXVI, p. 476.   17. *Ibid.*, t. XXVI, p. 264.

Valéry

Georges Poulet
9. [LA CONSCIENCE VALÉRYENNE DU TEMPS]

> L'attitude critique de G. Poulet, souvent dite *phénoménologique,* veut recréer « l'acte par lequel l'esprit, pactisant avec son corps et avec celui des autres, s'est uni à l'objet pour inventer le sujet ». Telle est bien ici sa recherche, à travers la catégorie fondamentale de la temporalité.

I

Au commencement, selon Faust, était l'activité. Plus hardi, plus rigoureux surtout que le héros gœthéen, le héros valéryen, — M. Teste sans doute, — remonte en deçà de toute activité, et place le commencement des choses là où l'être se trouve proche, jusqu'à s'y confondre, du néant qu'il était et qu'il redeviendra : « Au commencement sera le sommeil[1] ». À ce moment, — si c'est un moment, — l'être n'est encore que silence et absence, absence de lui-même à lui-même, silence de la conscience, qui lui montre que la mort ne se situe pas seulement à la fin mais au début et en tous les interstices de son existence :

L'homme s'imagine « exister ». Il pense, donc il est — et cette naïve idée de se prendre pour un monde séparé, étant par soi-même, n'est possible que par négligence.

Je néglige mes sommeils, mes absences, mes profondes, longues, insensibles variations.

J'oublie que je possède, dans ma propre vie, mille modèles de mort, de néants quotidiens, une quantité étonnante de lacunes, de suspens, d'intervalles inconnaissants, inconnus[2].

Au commencement plaçons donc le non-être, — ce non-être dans la pureté duquel l'univers et moi-même

---

Georges Poulet, *Études sur le temps humain,* chap. XVII, © Plon, Paris, 1950.

1. *A.B.C.*   2. *Tel quel,* II, p. 238.

ne sommes que comme un défaut, — non-être qui pourtant, d'une certaine manière, en vertu de sa perfection même, existe, et existe plus que moi. Car moi, je ne vis que dans ce que j'étais ou dans ce que je serai, c'est-à-dire dans un temps successif où le présent m'échappe : « Nous ne voyons que du futur ou du passé, mais point les taches de l'instant pur[3]. » Seul cet être qui est enseveli dans son propre sommeil et dans sa propre absence appartient réellement à son présent et le possède : « Il est comme éternel, ignoré de soi-même[4]. » Seul il est. C'est pourquoi je ne puis pas dire : Je suis, mais : « Je fus, tu es, je serai[5]. »

Le temps du sommeil, temps primitif et primordial, est donc la première en date de ces « durées indépendantes entre elles » dont « la coexistence contradictoire » constitue « le problème le plus étrange que l'on puisse jamais se proposer[6]... ». C'est un temps sans passé ni avenir, sans changements surtout, et qui ne diffère pas de cette chose hypothétique qu'on appelle éternité, sinon en ceci qu'il est borné de toutes parts par des zones de conscience. Il est comme une *île* d'éternité, insérée dans les intervalles de temps impur :

Sommeil... tiède et tranquille masse mystérieusement isolée, arche close de vie qui transportes vers le jour mon histoire et mes chances, tu m'ignores, tu me conserves, tu es ma permanence inexprimable; ton trésor est mon secret... Tu t'es fait une île de temps, tu es un temps qui s'est détaché de l'énorme Temps où ta durée indéfinie subsiste et s'éternise comme un anneau de fumée[7].

Cependant, si cette île de temps pur abrite ma présence endormie, je n'en sais rien; mais je sais que lorsque j'en émerge pour déboucher dans un temps autre, j'éprouve sans doute le sentiment de sortir d'un milieu de vacance et de naître à moi-même, mais non celui d'un commencement absolu se dessinant soudain sur un vide. Le mystérieux non-être, d'où me retire le réveil, ne laisse pas d'être composé d'une certaine matière spirituelle. Des « atomes de silence[8] », des

---

3. *Pièces sur l'art*, p. 146.
4. *Variété III*, p. 104.
5. *A.B.C.*
6. *Variété I*, p. 205.
7. *A.B.C.*
8. *Poésies*, p. 201.

Valéry

« atomes de temps[9] » le constituent et m'y conservent. J'en sors restauré — restauré au sens fort du terme — restitué à l'intégralité du possible. C'est à un état tout proche de cet état de sommeil que fait allusion Valéry dans le passage suivant où il déplore la *disparition du temps libre* :

> Nous perdons cette paix essentielle des profondeurs de l'être, cette absence sans prix pendant laquelle les éléments les plus délicats de la vie se rafraîchissent et se réconfortent, pendant laquelle l'être, en quelque sorte, *se lave du passé et du futur,* de la conscience présente, des obligations suspendues et des attentes embusquées... Point de pression intérieure, mais une sorte de repos dans l'absence, une vacance bienfaisante qui rend l'esprit à sa liberté propre [10].

« Au commencement sera le sommeil » équivaut donc à dire : Au commencement sera le temps libre. Temps de la virtualité pure, où l'esprit se reprend de tous ses engagements de la veille pour redevenir prêt à saisir de nouvelles chances, car « chaque atome de silence est la chance d'un fruit mûr ». Et soudain nous comprenons pourquoi Valéry, à la différence de Gœthe, n'a pas parlé du *commencement* au temps passé, comme de quelque chose qui a eu lieu, mais au futur, comme de quelque chose qui est encore devant, qui va se faire : Au commencement *sera,* et non *était.* C'est que le possible n'est pas l'être, mais le prépare, mais est seulement son avenir. C'est à partir du possible qu'il faut saisir l'être, alors qu'il devient ce qu'il est ; dans un sommeil qui devient réveil, dans un futur qui se fait présent :

> Chaos... désordre premier dans les contradictions ineffables duquel espace, temps, lumière, possibilités, virtualités étaient à l'état futur [11].

II

Au commencement sera le sommeil. Mais le sommeil n'est pas conscience. « C'est mouvantes, irrésolues,

---

9. *Variété II,* p. 195.
10. *Variété III,* p. 284.
11. *Mon Faust,* p. 55.

encore à la merci d'un moment, que les opérations de l'esprit vont pouvoir nous servir [12]. » — « L'idée, le principe, l'éclair, le premier moment du premier état, le saut, le bond hors de la suite... Jette là le filet. Voici le lieu de la mer où vous trouverez [13]. » Mais que trouver sinon cet éclair et ce bond, cette présence étourdissante du moment dont la conscience est la proie ? « Le désordre est donc mon premier point... Il nous anime [14]. » — « Je considère cet état proche de la stupeur comme un point singulier et initial de la connaissance [15]. » La première étape de la conscience valéryenne est donc conscience du moment à la merci duquel elle est ; conscience d'une pluralité successive, discontinue, désordonnée, anonyme : « À chaque instant l'âme de l'instant nous vient de l'extérieur [16]. »

L'extérieur, c'est ce qui s'étend autour de nous ; c'est l'espace. Il est fait d'un assemblage de taches incessamment changeantes. Si loin qu'aille le regard, si intense que soit l'attention, au dehors ils ne rencontrent jamais que cela, « un chaos de lumières et d'ombres..., un groupe d'inégalités lumineuses [17]. » « Telle, dans l'agrandissement de ce qui est donné, expire l'ivresse des choses particulières [18]. » Elle expire dans la conscience d'« un désordre inexprimable des dimensions de la connaissance [19] ». Ce ne sont que « figures éphémères », « entreprises interrompues... qui se transforment l'une dans l'autre », et que l'esprit n'exprime qu'au moyen d'une « parole intérieure sans personne et sans origine [20] ».

Mais si ce monde extérieur, fait d'espaces instantanés, n'est qu'un chaos de choses particulières, quel est l'univers intérieur de celui qui le reflète et l'observe ?

L'observateur est pris dans une sphère qui ne se brise jamais... L'observateur n'est d'abord que la condition de cet espace fini... Nul souvenir, aucun pouvoir ne le trouble tant qu'il s'égale à ce qu'il regarde. Et pour peu que je puisse

---

12. *Variété I*, p. 220.
13. *Monsieur Teste*, p. 125.
14. *Variété III*, p. 205.
15. *Tel quel*, II, p. 243.
16. *Id.*, I, p. 39.
17. *Regards sur le monde actuel*, p. 22.
18. *Variété I*, p. 234.
19. *Id.*, p. 193.
20. *Poésies*, p. 61.

le concevoir durant ainsi, je concevrai que ses impressions diffèrent le moins du monde de celles qu'il recevrait dans un rêve [21].

Ainsi, *s'égalant à ce qu'elle regarde,* à des entreprises interrompues qui se transforment l'une dans l'autre, la pensée est la proie d'un univers bergsonien dont l'envers se trouve ici cruellement dévoilé. S'abandonner au présent transitif et au flux seul de la durée, c'est s'abandonner à un double néant : néant de l'objet qui n'est jamais ce qu'il est ; et néant de la pensée qui par sa spontanéité même se fait à chaque instant ce qu'elle pense, devient l'objet et participe ainsi de son éphémérité : « Nulle instantanément [22] » ; « état instantané et indivis qui étouffe ce chaos dans la nullité [23] ».

III

Pourtant de ce chaos où tout s'annule instantanément il arrive qu'une espèce d'unité se dégage, qui va grouper les choses en de vagues faisceaux :

Cette unité que compose nécessairement ce que je puis voir dans un instant, cet ensemble de liaisons réciproques de figures ou de taches... me communique la première idée, le modèle et comme le germe de l'univers total que je crois exister autour de ma sensation, masqué et révélé par elle. J'imagine invinciblement qu'un immense système caché supporte, pénètre, alimente et résorbe chaque élément actuel et sensible de ma durée, le presse d'être et de se résoudre ; et que chaque moment est donc le nœud d'une infinité de racines qui plongent à une profondeur inconnue dans une étendue implicite — dans le passé — dans la secrète structure de notre machine à sentir et à combiner, qui se remet incessamment au présent [24].

La première opération indépendante de l'esprit, le premier geste par lequel il se libère de la sensation, de l'espace et de l'immédiat, n'est pas un geste de liberté mais d'asservissement. Roi du possible, l'esprit se hâte de se donner des maîtres et des limitations. Lui qui peut tout inventer, il invente qu'il ne peut pas s'inventer. Derrière le présent, voici qu'il imagine la série des causes et des déterminations de ce présent :

---

21. *Variété I*, p. 231.
22. *Poésies*, p. 61.
23. *Variété I*, p. 193.
24. *Id.*, p. 134.

Dans le vide du mythe du temps pur et vierge de quoi que ce soit qui ressemble à ce qui nous touche, l'esprit assuré seulement qu'il y a eu quelque chose, contraint par sa nécessité essentielle de supposer un antécédent, des « causes », des supports à ce qui est, à ce qu'il est, — enfante des époques, des états, des événements, des êtres, des principes, des images ou des histoires...

C'est pourquoi il m'est arrivé d'écrire certain jour : Au commencement était la Fable [25] !

Étrange transformation que l'esprit inflige maintenant au moment, et par laquelle il en change radicalement la nature. Au lieu d'être, voici qu'à présent les choses exigent d'avoir été. Elles se veulent environnées non plus simplement de taches et d'espace, mais de causes et de temps. Elles prétendent s'annexer à une durée. Elles réclament de l'esprit qu'il les adosse à un passé, à un seul passé entre tous les passés possibles. Parmi toutes les images flottantes de ce qu'on aurait pu être, l'on fait choix d'une certaine image, l'on décide de croire que celle-ci représente réellement ce que l'on a été :

Le passé est chose toute mentale. Il n'est qu'images et croyance [26].

Le passé n'est qu'une croyance. Une croyance est une abstention des puissances de notre esprit, lequel répugne à se former toutes les hypothèses convenables sur les choses absentes et à leur donner à toutes la même force de vérité [27].

« Naïve et bizarre structure [28] », la croyance au passé n'en est pas moins une structure. Elle supporte ses fables ; elle supporte aussi le présent. Dès lors celui-ci n'apparaît plus comme suspendu au-dessus du non-être. Soutenu par en dessous et par en arrière, confirmé par des analogies, fort de représenter à son tour une identité qui se continue, le présent, autant qu'il le peut, s'efforce de ne pas différer de ce qui fut, et de se présenter comme une simple redite. En cela il se trouve aidé d'ailleurs par la grossièreté même de nos perceptions :

Pas assez subtils, mes sens, pour défaire cette œuvre si fine ou si profonde qui est le passé, pas assez subtils pour

---

25. *Variété II*, p. 254.
26. *Variété IV*, p. 134.
27. *Mon Faust*, p. 25.
28. *Variété V*, p. 85.

que je distingue que ce lieu ou ce mur ne sont pas identiques peut-être, à ce qu'ils étaient l'autre jour [29].

Grâce à cette simplification l'originalité de chaque moment ne risque plus de nous confronter sans répit avec une Nature pour qui il n'y a « pas de passé, ni de redite, ni de semblable [30] », une Nature donc toujours instantanée. Par une audacieuse falsification de celle-ci, en nous donnant un passé, en nous donnant des semblables, nous nous donnons du même coup la chance et le moyen de trouver des constantes, de construire des lois, d'imaginer l'universel.

Mais si les choses se consolident ainsi en une structure mentale, elles se trouvent perdre d'autre part en variété et en authenticité. Au lieu d'apparaître comme elles sont, elles veulent ressembler à ce qu'elles ont été. Elles s'appauvrissent; elles s'engagent; elles se réduisent à signifier : « Le souvenir chasse le présent [31]. » — « Chaque instant tombe à chaque instant dans l'imaginaire [32]. »

Le passé n'est donc que « le lieu des formes sans forces [33] ». Il « se représente mais il a perdu son énergie [34] ».

Sans doute « c'est à nous de le fournir de vie et de nécessité », et pour cela « de lui supposer nos passions et nos valeurs [35] ». Supposons donc non pas du « passé » dans le présent, mais bien du « présent » même dans le passé. Distinguons l'*originalité* du souvenir, « ce en quoi le souvenir n'est pas le passé, mais l'acte du présent [36] » :

Il s'engendre ainsi un état d'esprit curieusement antihistorique, c'est-à-dire une vive perception de la substance tout actuelle de nos images du « passé » et de notre liberté inaliénable de les modifier aussi facilement que nous pouvons les concevoir [37]...

Mais de cette façon le point de vue temporel change une fois de plus. Au lieu de nous imaginer déterminés par ce qui fut, voici que nous reportons notre indéter-

---

29. *Monsieur Teste*, p. 129.
30. *Mélange*, p. 69.
31. *Pièces sur l'art*, p. 146.
32. *Variété II*, p. 253.
33. *Variété III*, p. 61.
34. *Mélange*, p. 84.
35. *Variété III*, p. 61.
36. *Mélange*, p. 69.
37. *Variété V*, p. 91.

mination en arrière pour faire du passé une sorte de futur antérieur. De ce point de vue « revoir et prévoir, ressaisir dans le passé et pressentir se ressemblent fort [38] ». Mais cela n'est vrai que parce qu'il est possible de « prévoir » sur tous les points du temps et dans toutes les positions de l'esprit. Dès lors il s'agit de saisir directement ce qui apparaît de plus en plus comme le « temps » de l'esprit, c'est-à-dire le futur :

> L'idée du passé ne prend un sens et ne constitue une valeur que pour l'homme qui se trouve en soi-même une *passion de l'avenir* [39].

Pour Valéry, comme pour Vigny, fondamentalement l'activité spirituelle de l'homme, c'est ce sens passionné de l'avenir.

IV

Qu'est-ce que l'avenir? Pour le comprendre il nous faut porter le regard vers « notre sens le plus central, ce sens intime de la distance entre le désir et la possession de son objet, qui n'est autre que le sens de la durée [40]... » Ce sens de la durée, c'est le futur. C'est quelque chose qui se creuse et se scinde à l'intérieur de nous, à l'intérieur du moment où nous sommes nous; c'est le sentiment d'un vide, d'un manque, d'une lacune, avec le besoin de la combler. Le futur est d'abord insatisfaction et désir. Si, d'une part, nous n'existons que dans le présent, s' « il n'y a pas de nous-mêmes hors de l'instant [41] », d'autre part nous « consistons précisément dans le regret ou le refus de *ce qui est,* dans une certaine distance qui nous sépare et nous distingue de l'instant [42] ». Distance qui pose au-devant de nous un être qui est encore nous, et qui nous semble plus désirablement nous-mêmes que nous. Mythe de Narcisse : « L'homme n'est pas d'un seul morceau. Une partie de lui devance l'autre [43]. »

Mais cette partie de lui qui le devance, ne le devance

---

38. *Variété IV*, p. 136.
39. *Regards sur le monde actuel*, p. 16.
40. *Variété III*, p. 283.
41. *Idée fixe*, p. 145.
42. *Mélange*, p. 80 et *Tel quel*, I, p. 89.
43. *Idée fixe*, p. 100.

que d'un temps infime : « Je ressens l'imminence [44]. »
— « Je n'aime rien tant que ce qui va se produire [45]. »
À ce moment l'être en qui le futur imminent se dessine,
en qui « l'Avenir est la parcelle plus sensible de l'instant [46] », se découvre et s'éprouve en ses puissances,
en son attente : « Douceur d'être et de n'être pas [47]. »
Il est moins ce qu'il est, que ce qu'il est sur le point de
pouvoir devenir. Il est dans un lieu exquisement intemporel, où cependant toute la temporalité se réfugie,
« entre le vide et l'événement pur ». La pensée « vibre
entre les temps et les instants [48] ». Elle souhaite, attire,
amène le possible à l'existence, et cela presque par sa
seule ardeur : « Je m'immole intérieurement à ce que
je voudrais être [49]. »

Or, en cette fonction « la plus simple, la plus profonde,
la plus générale de notre être, qui est de faire de l'avenir [50] », en cet état de pressentiment, où l'écart qui nous
sépare et nous distingue de l'instant, est un écart de
pure pensée, voici précisément que la pensée devient
visible à elle-même, et qu'en créant le temps, l'être du
même coup se donne une conscience de sa conscience.
Pensée de la pensée, la conscience est en cette distance
temporelle qui fait sonner en l'âme un creux toujours
futur. Elle est « l'écart entre l'être et le connaître [51] »,
la propriété de s'écarter de l'instant même, se prolongeant jusqu'à devenir celle de « s'écarter de sa propre
personnalité [52] ». Contrepied exact de la figure de
Narcisse, voici que de moi, et de tous les instants où
je suis moi, se dégage un autre moi, un moi différent —
et indifférent — un moi général et impersonnel, qui
me contemple. Il est, comme M. Teste, « l'être absorbé
en sa variation » ; il est *mesure des choses :*

> Dire que l'homme est mesure des choses..., c'est opposer
> à la diversité de nos instants, à la mobilité de nos impressions,
> et même à la particularité de notre individu, de notre personne... un *Moi* qui la résume, la domine, la contient, comme
> la loi contient le cas particulier, comme le sentiment de

---

44. *Mélange*, p. 96.
45. *Eupalinos*, p. 35.
46. *Mélange*, p. 37.
47. *Poésies*, p. 128.
48. *Eupalinos*, p. 61.
49. *Monsieur Teste*, p. 124.
50. *Variété IV*, p. 191.
51. *Variété III*, p. 72.
52. *Id.*, p. 221.

notre force contient tous les actes qui nous sont possibles. Nous nous sentons ce moi universel [53]...

Création sans prix, qui n'est plus celle d'un objet engagé dans le temps, mais d'un sujet dégagé du temps. Grâce à elle,

> chaque vie si particulière possède... à la profondeur d'un trésor, la permanence fondamentale d'une conscience que rien ne supporte; et comme l'oreille retrouve et reperd, à travers les vicissitudes de la symphonie, un son grave et continu qui ne cesse jamais d'y résider, mais qui cesse à chaque instant d'être saisi, — le *moi* pur, élément unique et monotone de l'être même dans le monde, retrouvé, reperdu par lui-même, habite éternellement notre sens; cette profonde *note* de l'existence domine, dès qu'on l'écoute, toute la complication des conditions et des variétés de l'existence [54].

Mais si la conscience permanente se distingue du variable, si elle se situe en dehors de la durée, c'est pour lui donner ses lois. L'être qui s'est haussé jusqu'à la pensée de la pensée, peut dès lors agir sur la pensée comme sur une matière modelable. « Tout le cède à cette généralité [55]... » — « L'esprit est une puissance de prêter à une circonstance actuelle les ressources du passé et les énergies du devenir [56]. » Par des pressions ou des détentes il peut ralentir ou accélérer l'approche et la fuite de ce qui passe par ses chemins. Il sait ce qu'il faut faire pour que vienne au jour une pensée. Il sait aussi, ce qui vaut mieux, comment il faut s'y prendre pour qu'elle ne vienne pas trop vite donner son fruit. Car l'essentiel de cette politique de l'esprit est moins une présence entre toutes les autres présences, que le pouvoir de la garder longtemps fixe, suspendue, devant son attention, comme Josué gardait immobile, dans le ciel, le soleil. Partout s'offrent à l'esprit les pensées, attendant de toutes parts la chance d'être cueillies. Mais ce qui importe, c'est de profiter au maximum de cette chance, et pour cela, de retarder autant qu'il se peut le moment inévitable où toute pensée retourne au chaos et à l'état instantané. Il s'agit de glisser dans la fente du temps, entre le moment de l'imminence et celui de

---

53. *Id.*, p. 257.
54. *Variété I*, p. 204.
55. *Variété I*, p. 192.
56. *Mélange*, p. 27.

Valéry

l'accomplissement, toute une durée nouvelle où l'esprit prend le temps de prévoir, de composer, de modérer ou de supprimer[57], c'est-à-dire de faire son œuvre durable d'architecte et d'ingénieur. Ces pensées qui me viennent, « il faut que je les arrête..., que j'interrompe la naissance même des idées... C'est qu'il m'importe sur toutes choses d'obtenir de ce qui va être qu'il satisfasse, avec toute la vigueur de sa nouveauté, aux exigences raisonnables de ce qui a été[58] ». Il faut donc « durer dans une attitude forcée[59] ».

En cette durée forcée que remplissent les opérations de l'esprit, se découvre donc un cadre temporel d'une nature précisément contraire à celle de la durée-flux en laquelle l'être au sortir du sommeil émergeait pour s'y livrer ; — durée cette fois non plus spontanée mais volontaire, non plus naturelle mais artificielle ; « art délicat de la durée[60] », où il n'y a plus une *infinité d'entreprises interrompues,* mais une seule entreprise ayant un commencement et une fin, une orientation vers son propre achèvement, la présence et la conscience d'une foi. Cette entreprise, c'est le poème :

Même dans les pièces les plus légères, il faut songer à la durée — c'est-à-dire à la *mémoire,* c'est-à-dire à la forme[61].

Cent instants divins ne construisent pas un poème, lequel est une durée de croissance et comme une figure dans le temps[62].

Un poème est une durée, pendant laquelle, lecteur, je respire une loi qui fut préparée[63].

Durée est construction[64]...

Il s'ensuit donc que, pour Valéry, la vraie durée, à l'inverse de l'« insupportable fuite » et de l'« heureuse surprise », est une œuvre d'art, une création de l'esprit qui, pour ce faire, a besoin de toutes ses ressources et de toute sa vigilance ; création qui n'est d'ailleurs valable, qui n'a d'ailleurs de réalité que pour l'esprit même et relativement à l'objet qu'elle encadre et qu'elle forme — provisoirement. Il n'y a pas de durée en soi, et il

---

57. *Variété I,* p. 176.
58. *Eupalinos,* pp. 114-115.
59. *Idée fixe,* p. 174.
60. *Monsieur Teste,* p. 28.
61. *Pièces sur l'art,* p. 91.
62. *Variété III,* p. 15.
63. *Poésies,* p. 62.
64. *Tel quel,* II, p. 334.

n'y a pas de durée sans œuvre ni sans objet. Et encore, il n'y a pas de durée infinie, parce qu'il n'y a pas de poème infini, parce qu'une œuvre ne peut commencer d'être qu'à partir du moment où anticipativement elle est déjà achevée par l'esprit.

Toute durée vraie est donc comme un grain de durée : quelque chose de dur, de fermé, « cycle fermé [65] » qui oppose ses murailles temporelles au vague, au chaos, à l'informe des événements sensibles, et à l'intérieur duquel se trouve enclose une vie frémissante et dirigée — dirigée vers son aboutissement.

À peine a-t-elle abouti que son créateur l'abandonne, elle et sa durée. Il se retrouve en sa durée à lui, en un moment qui est toujours moment initial, *lavé du passé et du futur,* lavé de son œuvre même, libre, égal aux chances du moment :

> Ô moment, diamant du Temps [66] !
> Me voici le présent même [67].

Gilberte Aigrisse

10. [UNE MANIÈRE DE *NARCISSISME*]

Figure triomphale et permanente dans l'univers valéryen, Narcisse peut autoriser des recherches sur quelque chose comme un « discours du narcissisme » dans la poésie : tel n'est pas l'objet de Mme Aigrisse ; mais ses analyses, pour lesquelles elle invoque Charles Baudouin et C. G. Jung plus que Freud, touchent à des phénomènes importants comme le *complexe spectaculaire* (1re partie, chap. I) et *la persona* (2e partie, chap. III). Pour n'être plus à la mode, cette psychanalyse-là ne laisse pas d'être suggestive.

GILBERTE AIGRISSE, *Psychanalyse de Paul Valéry,* paru aux éd. Universitaires, Paris, 1964, nouvelle édition, 1970.

---

65. *Variété V,* p. 135.
66. *Mélange,* p. 96.
67. *Mon Faust,* p. 95.

Valéry

Enfance aux cygnes

J'étais un enfant qui marche à peine [1]. Ma bonne tous les jours me menait dans un jardin public, montueux, compliqué de rocailles : il y avait un bassin dominé par un farouche Neptune de fonte, peint en blanc, orné de sa fourche à triple dent.

Des cygnes vivaient sur ce bassin. Un jour, ma bonne, *m'ayant mis à terre sur le bord,* je m'amusais à jeter des graviers dans l'eau *sombre,* avec toute la maladresse d'un bébé chargé d'un manteau et de collerettes roidement empesées qui l'engoncent. La bonne s'éloigna quelque peu dans les feuillages où l'attendait un sous-officier plein d'amour.

L'enfant avait une grosse tête et des membres faibles. Comment ne fût-il pas tombé dans l'eau?

Le voici parmi les cygnes, flottant par le soutien des robes empesées qui formaient poches d'air. La bonne et le soldat, tendrement disparus, ignoraient le grand péril de mon petit destin. Et les cygnes, sans doute, s'étonnaient de ce cygne inconnu parmi eux, leur pareil par la blancheur; mais cygne improvisé qui commence à sombrer, car le manteau s'imbibe, et les collets et les robes. L'enfant déjà a perdu connaissance.

Pourquoi quelqu'un l'aperçut-il?

Le plus fort était fait...

Cet homme brusquement entre dans l'eau, divise, épouvante les cygnes, et rapporte à la vie le pâle Moi évanoui.

Il l'emporte chez lui, lui fait boire une gorgée de rhum.

Mon grand-père voulait tuer la bonne.

L'événement objectif — un enfant abandonné par sa bonne est tombé à l'eau et a été sauvé à toute extrémité — est enveloppé ici d'une riche floraison d'images significatives dont il faut comprendre le symbolisme. Mais, avant d'entreprendre d'élucider ce dernier, remarquons que l'eau des fontaines, des bassins, est souvent, dans la poésie de Valéry, *mortelle :*

> Que je déplore ton éclat fatal et pur,
> Si mollement de moi fontaine environnée,
> Où puisèrent mes yeux dans un mortel azur
> Mon image de fleurs humides couronnée!
>
> Narcisse Parle.

> Ma bouche effacerait cette lèvre glacée
> Que te laisse le froid du limpide linceul
> De l'onde...
>
> Cantate du Narcisse.

---

[1]. L'accident est arrivé en 1874.

Gilberte Aigrisse

> Fontaine, ma fontaine, ô transparent tombeau...
> Cantate du Narcisse.

La première image s'imposant à qui connaît l'œuvre de Valéry, c'est évidemment celle du beau Narcisse se mirant dans la fontaine, thème repris à plusieurs reprises sans aboutir — disait le poète — à l'œuvre désirée, et s'achevant finalement dans la vision grandiose du dernier poème en prose : *L'Ange* [2].

Le petit Narcisse d' « Enfance aux cygnes » est déjà très « angélique » : la blancheur des vêtements, la blancheur des cygnes, la blancheur du Neptune sont assurément associées dans l'inconscient pour créer une impression de pureté. L'enfant blanc, parmi les cygnes, sous le ciel pur, ne cherchait pas encore à comprendre la cause de cet accident qui le livrait à la mort, mais déjà il connaissait l'angoisse — et les traces inconscientes de celle-ci ont sans doute été à l'origine de la fascination qu'exerçait sur Valéry le thème de Narcisse se penchant sur la fontaine.

Mais pourquoi cet enfant est-il tombé à l'eau? Fort probablement — tout ce que nous connaissons de la psychologie de l'enfant de cet âge nous permet de l'avancer — parce que, au lieu de jeter des cailloux dans l'eau, il s'est penché sur le bord du bassin pour *regarder* ce reflet curieux qui s'agitait sous lui. Alors, il a glissé, il a roulé, il est tombé dans l'eau. Le vieux Faust, au royaume des Fées, lorsqu'il se réveillera de sa « mort », retrouvera des images qui rappellent étrangement cette chute :

Non?... Ou oui?... Mort? Mort ou vif?... en dernier lieu, il a dû arriver quelque mauvaise affaire à... Faust... Ah! ah!... le Seul... Oh! merci, ma mémoire... Tu es ma mère, Mémoire! Tu m'enfantes... J'hérite enfin un lopin de passé. Et maintenant quelque lueur de catastrophe se précise. Oui, le Fou d'En-Haut... il m'a poussé... j'ai glissé, roulé... Il s'était entouré de précipices. Je dois être au fond de l'un d'eux... C'est beau ici. Qu'est-ce que c'est? Caverne? Temple? Non. Forêt? Non... C'est au fond de la mer... C'est absurde [3]...

---

2. Pléiade, t. I, p. 205.
3. *Mon Faust*, pp. 233, 236, 237.

Valéry

Le « Seul » m'a poussé, dit Faust ; « je suis tombé parce que j'étais seul » put penser l'enfant. Car le texte *Enfance aux cygnes* nous met bien en présence d'un petit « abandonné », le symbole maternel, la bonne disparue, ayant perdu toutes ses vertus protectrices. Or, nous connaissons la nocivité extrême des situations ressenties par l'enfant comme étant significatives d'abandon ; tout l'ordre de l'univers enfantin du petit Paul dut être troublé... et Valéry restera toute sa vie un être sensibilisé au thème de l'abandon, de l'exclusion, une âme angoissée devant la profondeur : « Le mot *profond* convient au néant [4]... »

> Profondeur, profondeur, songes qui me voyez
> Comme ils verraient une autre vie [5]...

Les psychnalystes connaissent, d'autre part, les relations existant entre l'abandon et le *vertige,* dont Valéry se plaignait sans cesse :

> La terre ne m'est plus qu'un bandeau de couleur
> Qui coule et se refuse au front blanc de vertige [6]...

Mais avant de se consoler, solitaire, en s'amusant à regarder son reflet dans l'eau, l'enfant avait certainement essayé de voir ce que faisait sa bonne, mystérieusement disparue dans les feuillages avec un homme. Il était à l'âge des curiosités naissantes et la situation devait raviver celle qui existait dans la maison paternelle, tous les soirs, lorsque l'enfant se sent « abandonné » par ses parents au moment où s'éveillent les intérêts normaux de cet âge. Le « souvenir » condense parfois, en un seul tableau, plusieurs scènes d'enfance qui ont eu une signification affective analogue. Le souvenir de la quasi-noyade était peut-être resté conscient pour Valéry ; dans ce cas, le traumatisme perdit une partie de sa virulence ; mais l'association de cet accident presque mortel avec l'amour et avec le désir de *voir* ne pouvait, elle, être conscience — et attirait à elle, du fond de l'inconscient, cette image de la mort de Narcisse qui a hanté le poète jusqu'à sa fin.

---

4. *Note et Digressions,* Pléiade, t. I, p. 1206.
5. *Narcisse.*
6. *La Jeune Parque.*

Le bouleversement grave causé par le traumatisme réel — la noyade — recouvre donc l'autre ébranlement constitué, à la même époque, par la découverte de l'intimité des parents — et par le refus psychologique de celle-ci. Dans *Fragments d'un Narcisse,* les deux scènes du Narcisse au miroir encadrent une scène d'amour charnel reflété par la fontaine :

> Quand le feuillage épars
> Tremble, commence à fuir, pleure de toutes parts,
> Tu vois du sombre amour s'y mêler la tourmente,
> L'amant brûlant et dur ceindre la blanche amante (etc.).

Ces fous qui crurent que l'on aime... L'inconscient profond de Valéry ne pouvait plus croire à l'amour fidèle, durable. Un enfant qui a subi un choc d'abandon aussi grave peut rarement croire à la stabilité de l'amour. La mère-refuge, symbole de tout amour durable, s'est changée en mère-terrible. (Nous touchons ici à l'une des situations de l'enfance autour de laquelle se cristallise la figure de la Mère-Terrible, qui appartient à l'inconscient collectif. Nous la retrouverons plus loin.)

Or, il faut bien voir que ce qui a transformé la mère-refuge en mère-terrible, c'est la présence d'un homme, et dans une situation amoureuse. La divination obscure de l'enfant va parfois très loin dans cet ordre de choses ; l'intimité entre l'homme et la femme — entraînant un « abandon » réel — a dû recevoir une charge angoissante plus intense encore que de coutume. La curiosité normale, de ce fait, peut être condamnée, le refoulement pousser l'esprit dans d'autres voies et conditionner les aptitudes intellectuelles les plus hautes. (Nul ne niera que la vertu essentielle de Valéry fut la *curiosité*.) *Regarder* entraîne une punition telle (la noyade) qu'il vaut beaucoup mieux *fermer les yeux* sur ce qui se passe autour de ce « monstre » : « Le bonheur a les yeux fermés [7] ». Avant La Jeune Parque, on trouve, dans la poésie de Valéry, un réel refus de *voir* et *regarder* sera toujours opposé à *vivre*. À Gide, il écrit de Gênes, le 21 septembre 1892 : « Ici je ne *regarde* rien, en somme. L'Italie me touche de si près que je ne puis même t'en donner une

---

7. *Mauvaises pensées et autres,* p. 68.

tonalité générale... Je vais aux petites rues, aux jardins, aux eaux vives — *vivre* seulement. »

[...] L'angoisse de la présence de l'homme qui accapare la femme conduit tout naturellement au désir d'éliminer le père. Il est curieux de constater que la même situation psychologique d'élimination du père se retrouve dans l'enfance de Léonard de Vinci, qu'admire tant Valéry. Freud, dans son étude *Un souvenir d'enfance de Léonard de Vinci,* fait remarquer que Léonard, enfant illégitime, a vécu ses premières années dans la seule intimité de la mère. L'absence réelle du père dans l'enfance de Léonard correspond à cette « scotomisation » du père dans le psychisme de Valéry, que nous avons déjà cru déceler au niveau de l'Œdipe. Le rapport entre ce que l'enfant perçoit de l'intimité de ses parents et le mystérieux problème de la genèse de l'être humain paraît souvent pressenti. La curiosité naturelle, si elle ne trouve pas d'aliments concrets, d'aliments normaux, pourrions-nous dire, cherche quand même à se satisfaire, mais toute la curiosité disponible risque fort de se déplacer du pôle normal « génital », le couple, sur des stades prégénitaux où, seule, la mère avait de l'importance. On aboutit ainsi à un rejet presque total du père, de l'*auteur :* « L'auteur n'est qu'un détail à peu près inutile », répond Lucrèce à Tityre dans *Dialogue de l'Arbre,* reprenant une idée qui fut longtemps chère à Valéry.

[...] Le « rejet du père » est souvent conditionné par le refus du rôle « sadique » masculin, la perception des relations sexuelles faisant vibrer le thème de la « femme-victime », l'un des nœuds caractéristiques des sentiments suscités par cette situation. Ce thème n'est pas absent du récit *Enfance aux Cygnes*. Il est assez remarquable de voir qu'il ne s'y trouve aucun reproche à l'égard de la bonne coupable, aucune plainte au sujet de sa conduite insensée ; c'est même à elle qu'est dévolu le rôle de victime éventuelle à la fin du récit : « Mon grand-père voulait tuer la bonne. » Renversement étrange mais qui est bien dans la ligne de l'identification à la « femme-victime ».

Pour aborder aussi le domaine de l'ambivalence — impossible à éviter lorsqu'il s'agit de Valéry — il nous restera à nous demander si cette acceptation si facile du rôle de la bonne ne rejoint pas, dans le psychisme du poète, un « désir de retour au sein maternel » symbolisé par la réimmersion. « Pourquoi quelqu'un l'aperçut-il ? Le plus fort était fait... » Les eaux dormantes que nous avons vu se peindre dans les vers de l'adolescent symbolisent bien la mère, comme nous le disions plus haut, mais aussi une forme de « mort maternelle », désirable et désirée. Le conflit entre l'angoisse de la mort et le désir de la mort trouve aussi, dans ce texte révélateur entre tous, une de ses expressions symboliques.

La persona : Narcisse

[...] Assez longtemps après (la *Jeune Parque*) l'idée m'est venue de faire une sorte de contrepartie à ce poème si sévère et si obscur de la *Jeune Parque*. J'ai choisi, ou plus exactement, *s'est choisi de lui-même*, ce thème du Narcisse d'autrefois, propre à ce que je voulais faire, c'est-à-dire une œuvre qui soit presque la contrepartie de la *Jeune Parque*, autrement simple dans sa forme et ne donnant lieu à presque aucune difficulté de compréhension, en portant surtout mon effort sur l'harmonie même de la langue.

Retenons d'abord ces précieuses confidences ; le thème « s'est choisi de lui-même » — entendons, « a surgi de l'inconscient » — et le but du poète était d'écrire une œuvre harmonieuse pouvant être comprise de tous. Cette attitude *sociale* est celle que l'on trouve à l'origine de la *persona*. Pour l'enfant de trois ans, la contrainte sociale se fait encore sentir à travers la mère, et il s'agit surtout de se conformer à ce qu'elle désire. La mère exige que son enfant ne se comporte plus comme la... Pythie déchaînée. Il doit cesser de mordre, de griffer, de toucher, de hurler ; il peut regarder, écouter, parler... poliment, charmer, séduire par son affabilité.

« Cette poésie-ci, écrit Alain au sujet de Narcisse [8], est pleine d'échos ; les rimes y sont redoublées, mais écartées comme des bruits de nature ; et si ce n'est que le poète se donne un son, et le réserve et le retient, le lance au monde comme on lance une balle, et l'attend

---

8. *Charmes* commentés par Alain, p. 86.

en retour. Cette sécurité conforme la bouche pendant la durée d'un vers. »

Il est assez piquant de constater que le philosophe négateur de l'inconscient arrive aux mêmes conclusions qu'une étude psychanalytique. Ces beaux vers rassurent la bouche qui avait, dans la *Pythie,* si farouchement mordu, déchiré, rugi. Ces beaux vers séduisent, sont devenus « polis ». C'est dans la même analyse du *Narcisse* que Alain commente si « psychanalytiquement » la poésie-politesse :

« La poésie pourrait être prise pour une politesse plus étudiée, qui mesure d'avance tous les genres de cris, de façon que l'un annonce l'autre, et quelquefois d'assez loin, par la rime ; mais tout est rime, tout est forme de bouche dessinée d'avance, et attitude du corps dessiné d'avance... La poésie est un art qui peut oser beaucoup, et qui réveille la bête, mais en conduisant de sursaut en sursaut l'onde musculaire toute neuve ; c'est comme un scandale qui ne cesse point d'être pardonné. »

Pour que les pulsions primitives de la *Pythie* soient « pardonnées », il faut qu'elles perdent toute matérialité. Ce beau Narcisse « en qui toute pensée remonte jusqu'aux yeux » (Alain) réalise la sublimation absolue de la caresse. Il a discipliné ses pulsions [9]. Mais qui est l'objet de celles-ci, qui Narcisse adore-t-il, qui est « la rose de l'onde » ?

Le miroir d'eau de la fontaine « partage le monde », comme fait l'épée de Tristan, et « l'adorable moitié... D'une amour trop pareille à la faible amitié » en devient inviolable :

Et sur ton apparence éternellement pure...

Mais la fontaine vers qui Narcisse se penche doit rêver de lui :

Sommeil des nymphes, ciel, ne cessez de me voir !
Rêvez, rêvez de moi !...

C'est un étrange miroir que celui de la fontaine, un miroir doué de profondeur, un miroir troublé,

---

9. « Ce narcissisme idéalisant réalise la sublimation de la caresse », dit Bachelard, *L'Eau et les Rêves*, p. 35.

hanté de souvenirs. N'oublions pas que le Narcisse de la mythologie, ce Thespien d'une éclatante beauté, eut pour mère la nymphe de l'iris bleu. Et remarquons que Narcisse, au début du poème, est « docile aux pentes enchantées... Qui me firent vers vous d'invincibles chemins » (vers les nymphes). Nous allons voir se ranimer tous les symboles connus de la mère, les symboles simples des vers de l'adolescent. Et d'abord, l'*eau* et la *lune :*

> Et la lune perfide élève son miroir
> Jusque dans les secrets de la fontaine éteinte...
> Jusque dans les secrets que je crains de savoir...

l'*ombre* et la *nuit :*

> Faut-il qu'à peine aimés, l'ombre les obscurcisse,
> Et que la nuit déjà nous divise, ô Narcisse...

l'*eau calme* associée à la fable (aux origines, dans le symbolisme de Valéry) :

> Ô présence pensive, eau calme qui recueilles
> Tout un sombre trésor de fables et de feuilles...

et la *nature* tout entière ; lorsque Narcisse se penche sur le miroir de la fontaine, il voit surtout toute la nature reflétée :

> Douce et dorée, est-il une *idole* plus *sainte,*
> De toute une forêt qui se consume ceinte,
> Et sise dans l'azur vivant par tant d'oiseaux ?

Tout nous porte donc à croire que c'est bien une « mère » que Narcisse cherche mais, de même que le jeune homme mit jadis un tableau noir entre la mer et lui, Narcisse aujourd'hui pose un voile d'eau entre la mère et lui. Cette eau calme crée d'elle-même une cadence unie, une coulée sans heurt, celle que cherchait le poète pour son œuvre « polie [10] ».

---

10. « L'eau est la maîtresse du langage fluide, sans heurt, du langage continu, continué, du langage qui assouplit le rythme, qui donne une matière uniforme à des rythmes différents. » Bachelard, *L'Eau et les Rêves,* p. 250.

Valéry

Il existe des déguisements plus subtils à cette recherche obstinée d'une image maternelle qu'entreprend le mélodieux Narcisse. Pour le comprendre, il faut comparer les *Fragments du Narcisse* avec la *Cantate du Narcisse,* petit ouvrage tout différent qui fut écrit en novembre 1938 à la demande de Germaine Tailleferre, pour servir de libretto à une cantate. Le livret a pour sujet l'amour que les nymphes éprouvent pour Narcisse, qui les dédaigne. Outragées, elles le battent et le déchirent :

>   Paye, paye ton insolence!
>   Tu pleureras
>   Tu saigneras!
>   Chacune son lambeau!
> Frappe, griffe, cogne! Et tords et mords et crache,
> Fouette, cingle, pince! Entame, écorche, arrache...

Ce déchaînement digne de la Pythie est l'envers de la retenue de Narcisse... dont le mythe est ainsi condensé avec celui d'Orphée qui, ne pouvant se consoler d'avoir perdu une deuxième fois Eurydice, lorsqu'il fut remonté des Enfers, dédaigna toutes les femmes. Les Bacchantes méprisées le mirent en pièces sur les bords du fleuve. La condensation de deux thèmes est fréquente dans les rêves; elle permet un déguisement plus subtil des pulsions à exprimer. Narcisse ne regrette pas de ne pouvoir se joindre mais pleure une éternelle absente. La *Cantate* de 1938, moins censurée que les divers états du Narcisse écrits beaucoup plus tôt, laisse s'exprimer des sentiments beaucoup moins déguisés. La nymphe moqueuse nomme le poétique miroir de la fontaine : un abreuvoir! Elle nomme *inceste* l'amour que Narcisse se porte à lui-même :

> Insensé! Tu veux donc aimer contre les dieux,
> Vouer à ton suprême et détestable inceste
> Le présent qu'ils t'ont fait de ta beauté funeste...

Et Narcisse lui-même :

> La plus sincère amour veut-elle une victime
> Qui expie une fois tant d'incestes aux cieux?

Dans une des *Pièces diverses* (Équinoxe), on retrouve le thème du rêveur à la fontaine. Se contemplant dans le miroir de l'eau, ce n'est plus Narcisse que voit le poète, mais Psyché, et Psyché quelques vers plus loin se nomme Eurydice [11] :

> Je perds distinctement Psyché la somnambule
> Dans les voiles trop purs de l'eau
>
> . . . .
> Elle me fuit, fidèle, et, tendre, m'abandonne
> *À mes destins inanimés*
>
> . . . .
> Elle me laisse au cœur sa perte inexpliquée,
> Et ce cœur qui bat sans espoir
> Dispute à Perséphone Eurydice piquée
> Au sein pur par le noir serpent...

L'image du sein s'impose encore, dans ce poème de l'abandon. (Dans le mythe, Eurydice est piquée au talon.) Narcisse est bien le poème du masque. La fontaine du poème, « sœur tranquille du sort », est une sœur de la Moire, un symbole de la mère. Et Narcisse fut écrit, inconsciemment, pour « abréagir » le regret d'une union inconcevable entre un « tout » et l'une de ses parties, entre l'universel et le particulier [12]. Une note des *Cahiers* [13], à elle seule, suffirait à détruire toute accusation trop peu nuancée de « narcissisme » portée contre Valéry : « Par le miroir on se fait autrui. » Son ironie à l'égard de soi-même le sauve aussi de tout narcissisme complaisant. Envoyant sa photo d'académicien à d'Annunzio, il écrit :

---

11. Une note des *Cahiers* (t. 8, p. 460) exprime tout aussi bien le conflit :

   *Tu crois lutter avec Eurydice. Tu ne te bats qu'avec toi-même.
   Sois vainqueur de toi. Elle sera domptée.*

12. Narcisse, écrit Valéry, « c'est la confrontation de l'homme tel qu'il se perçoit en lui-même, c'est-à-dire en tant que connaissance parfaitement générale et universelle, puisque sa conscience épouse tous les objets, avec son image d'être défini et particulier, restreint à un temps, à un visage, à une race et à une foule de conditions actuelles ou potentielles. C'est en quelque sorte l'opposition d'un tout avec l'une de ses parties et l'espèce de tragédie qui résulte de cette union inconcevable. » Frédéric Lefèvre, *Entretiens avec Paul Valéry*, Pléiade, t. I, p. 1166.

13. Pléiade, t. II, p. 447.

Valéry

« La photo ci-incluse vous offre un diplomate ou un préfet dont il ne faut vous alarmer. C'est l'effigie d'un costume. La tête n'a aucune importance... comme il sied [14] ».

« Ce naturel feint... », « ce vers si bien replié et retenu... », « tout y est dissimulation... », ce sont des expressions d'Alain commentant ce *Narcisse,* ce *Narcisse* si bien travesti :

« Tout ce qui compte est bien voilé; les témoins et les documents l'obscurcissent; les actes et les œuvres sont faits expressément pour le travestir [15]. »

Essayons cependant d'enlever encore quelques voiles à ce poème de l'absence. Pourquoi Narcisse pleurerait-il son propre corps absent? Le narcissisme pathologique consiste à ériger en absolu un corps bien présent et jamais un malade narcissique ne se plaint de l'absence de son corps qu'il a précisément à tous moments à sa disposition. Dans le poème, au contraire,

L'arbre aveugle vers l'arbre étend ses membres sombres,
Et cherche affreusement l'arbre qui disparaît...

Cette image de deux arbres unis s'impose plus d'une fois au poète. Il l'a illustrée notamment dans ses *Cahiers* [16]; le croquis accompagne cette note :

Deux arbres peuvent nouer leurs ramures et leurs racines pour s'élever et s'approfondir ensemble; pour ciel et terre. Ce serait une belle gravure.

« Tout lecteur de poèmes reconnaîtra ici le mouvement du *Lac* » commente Alain. Nous parlions d'un poème de l'*absence;* Narcisse pleure l'absence de l'*Autre* et sa mémoire inconsciente est fort fidèle. Dans le deuxième chant, encadré par les deux scènes de Narcisse au miroir, la fontaine-Mémoire reflète des scènes d'amour humain, de couples unis — « ces fous qui crurent que l'on aime » — qui seront bien vite séparés. Et se réveillent tous les symboles de la séparation, de la « coupure », rencontrés dans le « poème du sevrage » analysé plus

---

14. Juin 1927.
15. *Au sujet d'Adonis;* Pléiade, t. I, p. 482.
16. T. 8, p. 387.

haut. Dans *Poésie,* il s'agit d'une Source tarie qui ne veut plus se donner; dans *Narcisse,* d'une fontaine où l'on ne peut plus boire, que l'on ne peut plus toucher puisque même « le frisson d'une plume qui plonge » ferait s'évanouir l'image.

[...] *Poésie* se terminait pas la morsure coupable; *Narcisse,* en tissant des liens de paroles harmonieuses, espère apaiser une bouche avide :

> Ô mon corps, mon cher corps, temple qui me sépares
> De ma divinité, je voudrais apaiser
> Votre bouche...

On discerne fort bien à travers tout le poème le dessein d'apaiser une divinité féminine agressive. Le premier état du Narcisse, *Narcisse parle,* fut suggéré à Valéry par un marbre du jardin botanique de Montpellier, monument élevé, dit-on, par la piété du poète anglais Young pour apaiser les mânes de sa fille Narcissa : *Narcissae placandis manubus.* Une fois encore Narcisse se double d'une « Narcissa » perdue...

[...] L'angoisse à compenser est encore celle d'une absence. La danse (qui symbolise donc l'activité) « est, sans doute, un système d'actes; mais qui ont leur fin en eux-mêmes. Elle ne va nulle part. Que si elle poursuit quelque objet, ce n'est qu'un objet idéal, un état, un ravissement, un fantôme de fleur, un extrême de vie, un sourire — qui se forme finalement sur le visage de celui qui le demandait à l'espace vide [17] — ».

Absence de la mère autrefois, symbiose impossible du petit Dieu de *Poésie* qui, avant la coupure, était un

> Dieu perdu dans son essence
> Et délicieusement
> Docile à la connaissance
> Du suprême apaisement,
> Je touchais à la nuit pure,
> Je ne savais plus mourir,
> Car un fleuve sans coupure
> Me semblait me parcourir...

Absence de l'unité aujourd'hui, qu'un sourire, celui de Lust, la « demoiselle de cristal » de Faust, lui apportera plus tard.

---

17. *Poésie et Pensée abstraite,* I, 1330.

Valéry

Si nous revenons, pour terminer, à ces *Fragments du Narcisse* dont les alexandrins, singulièrement mélodieux, « ne cessent de construire, d'enchaîner, d'articuler » (Alain), nous trouverons à la fin du poème le « mouvement sauveur » de tous les grands poèmes de Valéry. Par le précieux langage racinien du Narcisse-Persona, si uni, si discret, par « cette attente, cette précaution, ce silence du vers » (Alain), la Pythie est dominée. Il reste à vaincre le masque, et cette bataille semble plus difficile à gagner. Il faudrait noter que l'importance de la persona dans le psychisme de Valéry est due à une fixation relative au stade de la persona infantile, qui présente les traits du stade dit phallique de la troisième année environ. C'est à ce moment que le traumatisme de la noyade a apporté des perturbations importantes dans le psychisme de l'enfant, et notamment ce refus de *voir* que nous avons rencontré tant de fois déjà.

Ce refus de *voir,* cet aveuglement qui fit le poète-voyant :

L'âme, l'âme aux yeux noirs, touche aux ténèbres mêmes,
Elle se fait immense et ne rencontre rien...
Entre la mort et soi, quel regard est le sien!

Aujourd'hui, le poète accepte de « s'abîmer aux enfers du profond souvenir », mais, guéri de son « désir de retour au sein maternel », il ne précipite pas son Narcisse dans la fontaine. Rien, dans la fin du poème, ne permet d'affirmer que Narcisse se jette dans l'eau. Il parla au conditionnel : « et bientôt, je briserais, baiser, ...ce peu qui nous défend de l'extrême existence »; ses adieux semblent s'adresser au « pâle et tendre reste du jour » plus qu'à lui-même, il se penche de plus en plus sur la fontaine, jusqu'à entrevoir sans doute... la vérité, la nymphe qu'il aime, et non sa propre image désormais brisée :

L'insaisissable amour que tu me vins promettre
Passe, et dans un frisson, brise Narcisse, et fuit...

Tout se passe comme si, fidèle sans le savoir à une loi psychanalytique, le poète, confronté avec le « sens de son rêve » (la vérité ne se cache-t-elle pas au fond du puits?), sortait victorieux de la lutte, prêt à dire enfin « je ».

Charles Mauron

11. [LECTURE PSYCHOCRITIQUE]

> Si son champ de recherches est plus circonscrit, la méthode de lecture de Charles Mauron est plus systématique que celle de Mme Aigrisse. C'est pour lui une aubaine que de révéler, sous la sage sérénité des poèmes, les abîmes de tourments d'où parle l'inconscient. Après avoir souligné ce paradoxe (qui sert la démonstration de tout son livre), il illustre la fécondité du procédé en « superposant » les réseaux associatifs cachés de *La Jeune Parque* et du *Cimetière marin*. Dans un autre chapitre (X), Charles Mauron dégagera la « figure mythique » de la *dormeuse*.

[...] Chronologiquement, la composition de *La Jeune Parque* s'achève quand commence celle du *Cimetière marin*. On peut donc supposer que Valéry, dans le second poème, a non seulement repris en toute conscience certains thèmes du premier (ce qui ne souffre pas de discussion), mais encore leur a conservé l'ordonnance d'abord adoptée. Car, dans les deux cas, les thèmes se succèdent bien dans le même ordre : communion solaire — yeux clos — fruit — abandon à l'espace — apparition de l'ombre aux pieds du héros ou de l'héroïne — jour étranger — cœur et poème — captivité — attirance de la mort — incertitudes et angoisses. Une bifurcation se produit à ce point, au moins en apparence, car la méditation du promeneur foulant les « pères profonds » court-circuite ses craintes, repentirs, doutes et contraintes, tandis que la Parque va développer longuement ses propres « embarras incertains ». Mais pour les dix premières strophes du *Cimetière marin* et les vers 102 à 166

CHARLES MAURON, chap. V, in *Des métaphores obsédantes au mythe personnel*. Introduction à la Psychocritique, Paris, 1963, © Librairie José Corti.

Valéry

de *La Jeune Parque*, la coïncidence est frappante. Dans quelle mesure la tiendrons-nous pour volontaire? J'admettrai, pour ma part, le caractère parfaitement conscient de certaines « reprises » : il est impossible qu'en écrivant

> Sur les maisons des morts mon ombre passe

Valéry n'ait pas songé aux vers 142, 143, 144 de *La Jeune Parque* :

> Mon ombre! la mobile et la souple momie,
> De mon absence peinte effleurait sans effort
> La terre où je fuyais cette légère mort.

Il me semble beaucoup plus douteux qu'il ait transféré consciemment le groupe associatif « captive — corps gisant (ou fragment terrestre) offert à la lumière — or — marbre » des vers :

> Loin des purs environs, je suis captive, et par
> L'évanouissement d'arômes abattue,
> Je sens sous les rayons, frissonner ma statue,
> Des caprices de l'or, son marbre parcouru.
>   (V. 156-159.)

à ceux-ci :

> Sais-tu, fausse captive des feuillages,
> Golfe mangeur de ces maigres grillages,
> Sur mes yeux clos, secrets éblouissants,
> Quel corps me traîne à sa fin paresseuse,
> Quel front l'attire à cette terre osseuse?
> Une étincelle y pense à mes absents.
>
> Fermé, sacré, plein d'un feu sans matière,
> Fragment terrestre offert à la lumière,
> Ce lieu me plaît, dominé de flambeaux,
> Composé d'or, de pierre et d'arbres sombres,
> Où tant de marbre est tremblant sur tant d'ombres;
> La mer fidèle y dort sur mes tombeaux!
>   (Str. 9 et 10.)

Croira-t-on de même que le mot « rendre » apparu dans le vers :

> Je ne rends plus au jour qu'un regard étranger
>   (V. 152.)

reparaisse par l'effet d'une décision volontaire au même point de la chaîne thématique dans *Le Cimetière marin* :

> Je te rends pure à ta place première :
> Regarde-toi !... Mais rendre la lumière...
>
> (Str. 7.)

Valéry, semble-t-il, eût évité ces répétitions de mots s'il avait résolu de reprendre une composition antérieure et de lui donner une forme nouvelle. Ainsi la seule comparaison des deux textes inclinerait à penser que le poète a eu pleinement conscience de certaines analogies d'idées ou d'images, mais que d'autres (et sans doute le parallélisme des deux suites de thèmes) lui ont été suggérées par une source inconsciente.

Parlera-t-on alors de réminiscences peu profondes, justifiées par la contiguïté des compositions ? La genèse du *Cimetière marin*[1] ne semble pas plus favorable à cette hypothèse qu'à celle de répétitions entièrement voulues. Quand *La Jeune Parque*, en 1917, a atteint son état définitif, le *Cimetière marin* comporte sept strophes. Six d'entre elles, groupées deux par deux, forment les trois piliers de la future construction ; ce sont, à très peu près, celles qui occupent aujourd'hui les places : 1 et 3 — 13 et 14 — 21 et 24. Entre le premier et le second couple, une strophe 8[a] (où l'on trouve déjà l'« amère, grande et sonore citerne ») bourgeonnera, produisant en très grande part celles comprises dans notre suite thématique. Lorsque Jacques Rivière, en 1920, arracha le manuscrit à Valéry, celui-ci hésitait encore sur l'ordre des strophes. Il proposa plaisamment de les tirer au sort et Mme Lucienne Julien-Cain doute s'il ne le fit pas[2]. L'ordre du texte pré-original, paru à la Nouvelle Revue Française, n'est pas encore le définitif (c'est-à-dire celui de notre tableau de coïncidences). Ainsi en 1920, Valéry agissait comme s'il ignorait le parallélisme des deux

---

1. L'étude en a été admirablement faite par L.-J. Austin, dans un essai paru au Mercure de France (1er avril et 1er mai 1953) : *Paul Valéry compose « Le Cimetière marin »*.
Cf. aussi P.-O. Walzer, *La Poésie de Valéry*, P. Cailler, Genève, 1953, pp. 403-405.
2. Lucienne Julien-Cain, *Trois essais sur Paul Valéry*, Gallimard, Paris, 1958, p. 148.

Valéry

suites de thèmes, soit qu'il le refusât (consciemment ou non), soit que le travail (involontaire) d'ajustement ne fût pas encore achevé et se poursuivît à travers des résistances. Seule l'hypothèse d'un refus conscient, d'un brouillage des pistes (par peur d'avouer la répétition), est compatible avec l'idée d'une opération toute volontaire. Mais alors pourquoi Valéry aurait-il si vite renoncé à ce camouflage? Je préfère croire à un long conflit inconscient entre des forces qui tendaient à reproduire l'ordre thématique de *La Jeune Parque* et d'autres refusant cette reproduction. Le souvenir du cimetière de Sète aurait ainsi nourri le fragment de *La Jeune Parque* qui commence par

HARMONIEUSE MOI, différente d'un songe.

La jeune fille marchant au soleil, et sans doute en vue de la mer, serait déjà, ou encore, l'adolescent dont l'ombre passe sur des tombeaux. Le Valéry qui ne découvre qu'après coup dans *La Jeune Parque* et dans sa seule composition, une sorte d' « autobiographie (intellectuelle, s'entend)[3] » devait refuser, pour ce texte, des évocations trop précises, qu'il admettra pour *Le Cimetière marin,* non sans manifester quelque dédain pour les « thèmes » de sa vie d'adolescent. Lieux communs, semble-t-il répéter, simple tissu de remplissage d'une forme qui fait tout le prix du poème. On se souvient de ce qu'il dit sur la genèse du *Cimetière marin*[4] : à l'obsession rythmique du décasyllabe, le « démon de la généralisation » vint ajouter l'idée d'une architecture de strophes; enfin celles-ci exigèrent bientôt que leur contenu fût « un monologue de moi » développant les fameux « thèmes communs ». Cette dernière détermination laisse P.-O. Walzer sceptique : « On se doute que, partis d'exigences formelles toutes pareilles, Malherbe ou Verlaine eussent abouti à des résultats tout différents[5]... » Ces doutes me paraissent d'autant plus légitimes que les alexandrins de *La Jeune Parque* avaient apparemment déjà exigé le même « monologue de

---

3. Lettre à André Gide, juin 1917, t. I, 1624.
4. Au sujet du *Cimetière marin,* t. I, 1503.
5. P.-O. Walzer, *La Poésie de Valéry,* p. 328.

moi ». L'exigence ne provient donc pas de la forme, mais du contenu. Je crois probable l'explication suivante des faits. Divers souvenirs angoissants s'attachant à l'image du cimetière de Sète, celle-ci tente de se faire jour à travers un fragment au moins de *La Jeune Parque*. Elle y impose une certaine suite de thèmes. Un peu plus tard, la même hantise s'affirme, à travers un rythme, puis dans les premières strophes-piliers du *Cimetière marin*. Les thèmes ordonnés dans *La Jeune Parque* viennent alors remplir l'intervalle. Mais leur ordre, dans ce contexte réel, est ressenti comme trop personnel. Valéry songe même à exclure diverses strophes à ce titre. S'il les donne, il brouille du moins leur sens de succession. Enfin, l'ordre s'impose et reproduit celui déjà adopté, sous une couverture moins transparente, dans le fragment de *La Jeune Parque*.

Revenons à notre point de départ, c'est-à-dire au vers du *Cimetière marin* :

> Auprès d'un cœur, aux sources du poème.

Le groupe d'associations « cœur — poème — attente (d'un bruit) — profondeur sombre » nous avait invités à choisir, pour pivot d'une première superposition, les vers de *La Jeune Parque* :

> Oh! combien peut grandir dans ma nuit curieuse
> De mon cœur séparé la part mystérieuse,
> Et de sombres essais s'approfondir mon art!...
>
> (V. 153-155.)

Cependant l'association source-poème, jointe à la même idée d'oreille tendue — (J'attends l'écho — nuit curieuse) — nous engage à une autre superposition. *Aurore* nous représente, on le sait, une sorte d'art poétique de Valéry. Nous ne changeons donc pas de sujet en évoquant ici ces vers :

> Être! Universelle oreille!
> Toute l'âme s'appareille
> À l'extrême du désir...
> Elle s'écoute qui tremble
> Et parfois ma lèvre semble
> Son frémissement saisir.
> . . . .
> Toute feuille me présente

Valéry

> Une source complaisante
> Où je bois ce frêle bruit [6]...

Au réseau associatif précédent, renforcé par « oreille » et « source », viennent donc s'ajouter les termes « frémissement — feuille — lèvre — boire » (et incidemment « faible » et « complaisante »). *Aurore* est un poème heureux. Mais, sur un mode angoissé et funèbre, nous retrouvons dans *La Jeune Parque* une chaîne très apparentée à celle-ci, et reliée, par surcroît, au mot « cœur » :

> Où l'âme, ivre de soi, de silence et de gloire,
> . . . .
> Écoute, avec espoir, frapper au mur pieux
> Ce cœur, — qui se ruine à coups mystérieux,
> Jusqu'à ne plus tenir que de sa complaisance
> Un frémissement fin de feuille, ma présence...
> (V. 373 à 378.)

« Ivre de soi » rappelle « pour moi seul », comme « gloire » évoque la poésie, et les « coups mystérieux », la « part mystérieuse » du même cœur. L'oreille demeure attentive. Mais le frémissement fin de feuille se double de coups d'un cœur qui frappe à un « mur pieux » et se « ruine ». L'idée de mort et une certaine angoisse interviennent ici ; le « mur pieux » fait songer à un tombeau. Il faut bien noter à ce sujet que l'amère citerne du *Cimetière marin* participait à la fois de la source et du tombeau. L'attente de l'écho, l'oreille tendue vers le faible bruit ne vont sûrement pas sans anxiété. Le bruit pourrait cesser. Quand la Parque s'éveille dans un état d'extrême angoisse, elle reconnaît à ce même bruit qu'elle vit encore :

> Et quel frémissement d'une feuille effacée
> Persiste parmi vous, îles de mon sein nu ?...
> (V. 13-14.)

L'idée de sein s'introduit ainsi dans notre réseau. Elle est liée, nous l'avons vu, à celle de frémissement végétal, mais aussi au groupe « lèvre — source — boire ». L'image du sein allaitant vient donc se placer exactement sur le mot « sources » dans le vers :

---

6. *Charmes,* t. I, 112, 113.

Charles Mauron

Auprès d'un cœur, aux sources du poème.

Il faut la considérer dans les trois contextes affectifs du « frémissement de feuille » : bonheur auroral de la création — ivresse de la mort voulue — angoisse du cauchemar subi. Le bonheur, c'est d'aller, à travers les « forêts sensuelles », dans le « frémissement de feuille » attestant une présence, retrouver la source et y boire. L'ivresse du suicide est liée à l'idée de sang qui s'écoule par une veine rompue. L'angoisse s'attache à l'arrêt du cœur, au brusque tarissement de la source, au silence dans la nuit. Comment ne pas songer ici à la pièce fameuse de *Charmes* intitulée *Poésie* [7] :

> Par la surprise saisie,
> Une bouche qui buvait
> Au sein de la Poésie
> En sépare son duvet :
>
> — Ô ma mère Intelligence,
> De qui la douceur coulait,
> Quelle est cette négligence
> Qui laisse tarir son lait !
>
> À peine sur ta poitrine,
> Accablé de blancs liens,
> Me berçait l'onde marine
> De ton cœur chargé de biens ;
> . . . .
>
> Mais la Source suspendue
> Lui répond sans dureté :
> — Si fort vous m'avez mordue
> Que mon cœur s'est arrêté !

L'onde marine du sein maternel qui berce l'enfant rappelle les premières strophes du *Cimetière marin* : houle qui palpite, masse de calme et visible réserve, béatitude de la pure et lumineuse connaissance gratuite.

---

7. T. I, 119. Cette pièce fut publiée dès 1921 et Mme Valéry allaitait un enfant (François Valéry) en 1917. Cf. la lettre à Arthur Fontaine, relative à la lecture de *La Jeune Parque* le 29 avril 1917 : « ... Ma femme... vous remercie bien vivement de la convier aussi, mais elle est doucement enchaînée au logis. Notre petit bonhomme a soif aussi. » T. I, 1619.

Valéry

« Stable trésor » correspond à « ton cœur chargé de biens » comme « temple simple à Minerve » s'accorde à « ma mère Intelligence ». Comme dans *Le Cimetière marin,* cette communion est rompue, le dédoublement s'opère, l'ombre apparaît, le cœur s'arrête, la source est « suspendue ». C'est que l'enfant trop agressif a mordu le sein.

L'idée de morsure, et singulièrement de morsure au sein, vient s'adjoindre à notre réseau associatif. Nous n'aurons aucune peine à la retrouver dans *La Jeune Parque* et *Le Cimetière marin*. Le serpent habite les « forêts sensuelles » de la première :

> Je me voyais me voir, sinueuse, et dorais
> De regards en regards, mes profondes forêts.
>
> J'y suivais un serpent qui venait de me mordre.
> (V. 35-37.)

La Parque a été mordue à la main, dans la rêverie qui précéda le sommeil. Mais au plus profond du cauchemar, dont elle s'éveille glacée, en larmes, et s'étonnant que son cœur batte encore —

> Et quel frémissement d'une feuille effacée
> Persiste parmi vous, îles de mon sein nu ?...
> (V. 14-15.)

— ne s'est-elle pas sentie mordue précisément à la poitrine ? Nous tenons de la Parque elle-même que le serpent vient boire à cette source, puisque l'âme ne fait que l'imiter :

> Mon âme y peut suffire, ornement de ruine !
> Elle sait, sur mon ombre égarant ses tourments,
> De mon sein, dans les nuits, mordre les rocs charmants ;
> Elle y suce longtemps le lait des rêveries...
> (V. 54-57.)

Ainsi, nous avons toute raison de superposer le couple « mère Intelligence — enfant » au couple homologue « Jeune Parque — serpent ». L'image du serpent est naturellement déjà chargée d'angoisse : elle implique le souvenir, ou la prévision, de la morsure, de la ruine, de la mort, l'admission de cette ombre impliquant d'ailleurs le dédoublement. Or le réseau associatif que vient de compléter l'idée de « morsure » se retrouve non moins aisément dans *Le Cimetière marin* (et par suite dans le fragment de *La Jeune Parque* que nous avons vu s'ajuster à lui si curieusement au début de notre analyse). Souvenons-nous de la suite des thèmes : mer au soleil — yeux clos — fruit dans la bouche — changement et abandon à l'espace — apparition de l'ombre — jour devenu étranger — solitude et attente auprès de la citerne — désir de mourir et fascination du cimetière. Ce que l'on peut nommer l'oralité de Valéry s'y manifeste d'abord sous son aspect faste. Les trois premières strophes du *Cimetière marin* correspondent bien, nous venons de le voir, à la communion avec une Intelligence divine. Le « calme des Dieux », la « paix » qui « semble se concevoir » ne diffère pas de celle que décrivent ces vers de *Poésie :*

> Dieu perdu dans son essence,
> Et délicieusement
> Docile à la connaissance
> Du suprême apaisement...

Quelque chose de ce bonheur persiste dans le thème du fruit :

> Comme le fruit se fond en jouissance.
> (St. 5.)

Mais ce plaisir prend déjà une forme passive (la seule sous laquelle la Parque le connaisse) :

> Je m'offrais dans mon fruit de velours qu'il dévore.
> (V. 114.)

Le héros du *Cimetière marin* est à cet instant à la fois bouche et fruit. Mais ce dernier disparaît déjà. Le héros, s'éprouvant soumis au changement et mortel, n'est plus, soudain, que le fruit dans cette bouche qu'est le « brillant espace » :

> Je m'abandonne à ce brillant espace.
> (St. 6.)

Il devient féminin et passif par rapport à la mort. L'ombre, le serpent apparu à ses pieds, « l'apprivoise à

Valéry

son frêle mouvoir »; le corps « l'entraîne à sa fin paresseuse ». L'oralité de la mort se marquera sous une forme encore neutre dans les vers

> Ils ont fondu dans une absence épaisse,
> L'argile rouge a bu la blanche espèce...
> (St. 15.)

Mais l'angoisse d'être dévoré vivant par la conscience de la mort se manifeste bientôt dans l'image du ver irréfutable — autre avatar du serpent — et dans celle de la flèche aiguë et mortelle. L'ambivalence de l'angoisse est fortement exprimée dans les deux cas :

> Amour, peut-être, ou de moi-même haine?
> . . . .
> Ma chair lui plaît, et jusque sur ma couche,
> À ce vivant je vis d'appartenir !
> (St. 20.)

et :

> Le son m'enfante et la flèche me tue!
> (St. 21.)

La jouissance de dévorer le fruit s'est muée d'abord en culpabilité, puis en horreur d'être le fruit dévoré. Ainsi se marque, dans l'oralité même, l'angoisse de la passivité féminine. Mais laissons là cette ébauche d'interprétation, et poursuivons notre réseau associatif, arrêté jusqu'ici au mot « morsure ». L'angoisse qui accompagne cette dernière éveille la Parque et nous ne serons pas étonnés d'en retrouver des manifestations communes au début de *La Jeune Parque* et à la fin de *Poésie*.

Jeune Parque :

> La houle me murmure une ombre de reproche,
> Ou retire ici-bas, dans ses gorges de roches,
> Comme chose déçue et bue amèrement,
> Une rumeur de plainte et de resserrement...
> (V. 9 à 12.)

Poésie :

> Dis, par quelle crainte vaine,
> Par quelle ombre de dépit,

Charles Mauron

> Cette merveilleuse veine
> À mes lèvres se rompit?
> . . . .
> Et la chair s'est faite pierre [8]...

On remarquera combien les mots de *La Jeune Parque* « gorges de roches », « retire », « resserrement », « plainte », « déçue », « bue amèrement » traduisent avec exactitude, et en les mêlant, les angoisses des deux personnages de *Poésie,* alors que la phrase, par sa construction syntaxique signifie tout autre chose pour la conscience du poète et du lecteur. La Parque, éveillée en sursaut, écoute la rumeur de la mer dans les roches : voilà le sens clair. Une élaboration poétique consciente attribue à la mer l'angoisse et les plaintes de la Parque. Mais seul le réseau associatif nous permet d'entrevoir la nature de cet état anxieux. Il se rattache à un groupe complexe d'idées : maternité, sein, désir de boire et de mordre, peur d'être mordu, désir et terreur de la mort, pétrification, attente, etc. Les « sources du poème » se révèlent très chargées affectivement, hantées d'images orales.

Revenons au réveil de la Jeune Parque, c'est-à-dire à la genèse de la conscience selon Valéry. L'idée de maternité en paraît absente. En revanche, l'attaque même se fait sur l'idée de « pleurs » :

> Qui pleure là, sinon le vent simple, à cette heure
> Seule avec diamants extrêmes?... Mais qui pleure,
> Si proche de moi-même au moment de pleurer?
> (V. 1-3.)

La lucidité d'une larme, se séparant de l'angoisse comme l'aube se divise de la nuit, est prise pour symbole de la conscience naissante : elle éclaire un tableau de ruines :

> Cette main, sur mes traits qu'elle rêve effleurer,
> Distraitement docile à quelque fin profonde,
> Attend de ma faiblesse une larme qui fonde,
> Et que de mes destins lentement divisé,
> Le plus pur en silence éclaire un cœur brisé.
> (V. 4-8.)

---

8. T. I, 119-120.

Valéry

Ce « cœur brisé » nous assure, pour notre part, que nous demeurons dans la même région du réseau associatif :

> Auprès d'un cœur, aux sources du poème.

Dans un état antérieur de *La Jeune Parque,* le long développement sur les larmes (v. 280-297) se plaçait à ce point. Valéry le transféra ensuite au centre du poème et presque sans modification. Ce remaniement semble se conjuguer avec l'introduction tardive du morceau qui précède celui des larmes : montée des sèves au printemps et scène confuse d'amour dans les bois (v. 190 à 290 [9]). En tout cas, dans l'état définitif, l'association « larmes-maternité » est parfaitement marquée et l'on peut en déduire aussitôt que l'idée de « maternité douloureuse » se cachait et se cache encore sous le début du poème, où l'idée de « larmes », lucidité naissante sur les ruines, la représente. La naissance de la larme remplace celle de l'enfant. Telle est la métaphore que développe une suite de vers.

> D'une grotte de crainte au fond de moi creusée
> Le sel mystérieux suinte muette l'eau.
> D'où nais-tu? Quel travail toujours triste et nouveau
> Te tire avec retard, larme, de l'ombre amère?
> Tu gravis mes degrés de mortelle et de mère,
> Et déchirant ta route, opiniâtre faix,
> Dans le temps que je vis, les lenteurs que tu fais
> M'étouffent... Je me tais, buvant ta marche sûre...
> (V. 290-297.)

Cette série d'images, assimilant avec insistance l'action de pleurer à un accouchement et la source des larmes à une matrice, étonne un peu la conscience du lecteur. Elle ne trouve d'explication naturelle que dans le

---

9. « J'ai même été forcé, pour *attendrir* un peu le poème, d'y introduire des morceaux non prévus et faits après coup. Tout ce qui est sexuel est surajouté. Tel, le passage central sur le Printemps qui semble maintenant d'importance essentielle... » Lettre à A. Mockel, 1917, t. I, 1621. Cf. aussi : « J'ajoute... que j'ai trouvé après coup dans le poème fini quelque air d... auto-biographie (intellectuelle, s'entend, et mis à part le morceau sur la Primavera qui a été improvisé en grande partie vers la fin). » Lettre à A. Gide, 14 juin 1917. T. I, 1624.

réseau associatif sous-jacent. Cependant, les mots du texte l'imposent. On ne saurait y voir quelque image étrange, effleurée en passant. Bien au contraire, un très large contexte confirme son sens et son importance. L'ordre des grands thèmes entre les vers 185 (Osera-t-il, le Temps, de mes diverses tombes...) et 324 (Terre trouble, et mêlée à l'algue, porte-moi!) est le suivant :

> Souvenir amoureux (mêlé à la crainte de la mort);
> Montée de sève du printemps : les arbres;
> Désir de maternité;
> Refus de maternité;
> Larmes;
> Faiblesse extrême et horreur de la mer des agonies.

Les larmes représentent ainsi à la fois la maternité refusée et sa sublimation vers le haut, c'est-à-dire probablement vers la création poétique. Le désir de maternité s'exprimait par ces vers :

> ... Mon sein brûle et m'entraîne!
> Ah! qu'il s'enfle, se gonfle et se tende, ce dur
> Très doux témoin captif de mes réseaux d'azur...
> Dur en moi... mais si doux à la bouche infinie!...
>
> Chers fantômes naissants dont la soif m'est unie,
> Désirs! Visages clairs!...
> (V. 254-259.)

Ces « fantômes » d'enfants, devenus pleurs, expliquent la métaphore :

> Cette distraction de mon suc précieux
> Qui vient sacrifier mes ombres sur mes yeux.
> (V. 287-288.)

Le désir frustré de la Parque est donc bien celui d'une maternité.

Nous parlions naguère de l'enfant détruisant le sein qui le nourrit (ou qui le porte); nous parlons maintenant de la mère qui refuse l'enfant. Ce sont les deux aspects d'une seule rupture de communion. De ce trauma, la larme, le dédoublement et la conscience naissent.

Attachons maintenant notre attention au sein maternel ruiné, source de larmes :

Valéry

> D'une grotte de crainte au fond de moi creusée
> Le sel mystérieux suinte muette l'eau.
>
> (V. 290-291.)

Telle est l'image intériorisée du sein maternel rongé, ruiné. Or pareille image rappelle clairement celle du *Cimetière marin* :

> Amère, sombre et sonore citerne,
> Sonnant dans l'âme un creux toujours futur !
>
> (St. 8.)

elle-même reliée de façon immédiate aux « sources du poème » dans le vers que nous avons pris pour point de départ. Que l'on songe à l'étrangeté d'un tel phantasme : dans le cimetière même où dort le père de Valéry (mort quand celui-ci avait seize ans), parmi les tombes, ce creux souterrain, ce point d'unique et fascinante solitude, source d'angoisse et de création, grotte de larmes et matrice de poèmes. Il serait absolument vain de lui rechercher un sens allégorique. Je n'ai voulu marquer que la convergence des associations et la puissance des affects en ce point.

Le réveil de la Jeune Parque, ses larmes, le serpent, le ver rongeur du *Cimetière marin*, la morsure de *Poésie* nous ont conduits à une image centrale de « sein détruit ». Mais le sein peut se restaurer, le cœur peut recommencer à battre. Avec le « frémissement de feuille », le règne végétal réapparaît alors, l'eau devient douce et des fruits se forment, au lieu de larmes. Pourtant le réseau associatif persiste comme on s'en convainc en relisant *Palme* (écrit si aisément aussitôt après *La Jeune Parque*) :

> . . . .
> Dans un suc où s'accumule
> Tout l'arôme des amours.
> . . . .
>
> Par la sève solennelle
> Une espérance éternelle
> Monte à la maturité !
> . . . .
> La substance chevelue
> Par les ténèbres élue
> Ne peut s'arrêter jamais,
> Jusqu'aux entrailles du monde,

> De poursuivre l'eau profonde
> Que demandent les sommets [10].

Les similitudes entre l'ascension des larmes et celle de la sève sont évidentes. Les sucs que confondait curieusement la Jeune Parque [11] ne sont plus transformés en pleurs, en libations d'ombres sacrifiées. Ils nourrissent des maturations : idées ou rimes, fruits ou seins. La restauration remplace la ruine. Mais le schéma associatif, né dans l'angoisse, persiste. On le retrouve dans *Aurore,* où, comme dans *Palme,* il aboutit à la double idée de fruit et d'eau profonde :

> Tout m'est pulpe, tout amande,
> Tout calice me demande
> Que j'attende pour son fruit [12].

et :

> J'approche la transparence
> De l'invisible bassin
> Où nage mon Espérance
> Que l'eau porte par le sein [13].

Il est temps d'arrêter ce fragment d'analyse. Qu'en conclure ? Dira-t-on que le réseau de métaphores ainsi révélé fut volontaire jusque dans ses relations les plus étranges ? Plus que d'un souci de composition, il témoigne, me semble-t-il, d'une suggestion assez forte pour induire le poème à passer par des points obligés. Entre une grotte où l'eau suinte du sel, le serpent de la Genèse, la maturation d'un poème et le bruit du cœur, un système de relations ne s'établit pas de façon logique ou naturelle. Dans le réseau que nous venons d'étudier, leur point de jonction est un sein maternel

---

10. *Charmes*, t. I, p. 155.
11. Cf. v. 260-264 :

> *Les dieux m'ont-ils formé ce maternel contour*
> *Et ces bords sinueux, ces plis et ces calices,*
> *Pour que la vie embrasse un autel de délices,*
> *Où mêlant l'âme étrange aux éternels retours,*
> *La semence, le lait, le sang coulent toujours ?*

12. *Charmes*, t. I, p. 113, st. 7.
13. St. 9.

Valéry

(même dans *Le Cimetière marin* où, apparemment, il n'existe pas de mère). Il faut bien que l'importance donnée à ce sein maternel, ainsi que les étranges fonctions physiologiques qui lui sont prêtées, proviennent d'autre part — non du corps, mais de fantaisies inconscientes, où le corps joue nécessairement un grand rôle.

Concluons. Le poète de *La Jeune Parque,* s'il tient à affirmer la prééminence de sa pensée consciente, accueille l'autre avec curiosité. Il le fait volontiers, comme Mallarmé, « en cédant l'initiative aux mots ». Les figures étranges que ceux-ci composent sous l'effet d'un travail de rêve ne l'effraient pas : il les nomme « hasards ». À son tour, il les soumet à un travail, selon des exigences apparemment conventionnelles ou abstraites, mais qui révèlent des tendances profondes. Valéry a bien vu que cela donnait à sa pensée totale une architecture de grenade : dures enveloppes, grains juteux, cloisons de labyrinthe. Mais si le critique interroge les mots, leurs initiatives reparaissent et les « hasards » de leurs groupements révèlent de primitives ordonnances.

Pierre Laurette

12. [UNE IMAGE POÉTIQUE : *L'ARBRE*]

> En conclusion de sa première partie, P. Laurette présente ce qu'il appelle « l'image-archétype de l'arbre ». Si le schéma total (racines, tronc et feuilles) est un principe de structuration de l'espace, de synthèse des éléments, d'organisation de la lumière, du silence et des formes, c'est dans les figures partielles qu'on aperçoit le mieux les valeurs sensibles du végétal.

Les similitudes de l'image de la racine éclairent une des tendances profondes de la sensibilité valéryenne;

Pierre Laurette, *Le Thème de l'arbre chez Paul Valéry*
© Klincksieck, Paris, 1967.

l'image est d'autant plus caractéristique qu'elle échappe dans une certaine mesure à l'œil. L'imagination seule peut alors poursuivre le lent cheminement de la racine que Bachelard nomme assez bien le *mort vivant*. D'une manière générale, l'image de la racine semble affecter la sensibilité de Valéry et sans vouloir déduire un état de névrose, on sent nettement à travers l'évocation de l'image une reviviscence de souvenirs et de sentiments désagréables. Valéry imagine souvent la racine sous l'aspect de l'hydre, serpent fabuleux dont les têtes repoussaient toujours et dont l'aspect était hideux [1] : « Il n'est, écrit Valéry, bête hideuse de la mer plus avide et plus multiple que cette touffe de racines, aveuglément certaines de progrès vers la profondeur et les humeurs de la terre [2]. » L'hydre est chargée d'une vie tumultueuse [3], animale, massive et effrayante. La racine touche à « l'empire des morts, des taupes et des vers [4] », elle plonge dans « la confuse cendre [5] ». Le mystère du tâtonnement évoque l'ardeur génésique : « Ton arbre insidieux qui, dans l'ombre insinue sa vivace substance en mille filaments [6]. » Le mot racine est chargé d'une valeur affective intense [7], il est l'objet obscur, honteux qui exerce néanmoins une fascination redoutable. L'image se rattache à un groupe complexe de thèmes [8]

---

1. Cf. les images horrifiques de l'hydre : hydre de Lerne au sang empoisonné — hydre de l'hérésie — hydre de l'anarchie, etc.
2. T. II, *Dialogue de l'Arbre*, p. 181.
3. Cf. *Le Cimetière marin* où la mer est une « Hydre absolue, ivre de (ta) chair bleue ».
4. *Dialogue de l'Arbre*.
5. *Au Platane*. Cf. *Le Cimetière marin* : « Un peuple *vague* aux racines des arbres. »
6. *Dialogue de l'Arbre*.
7. Cf. *Cahiers*, XII, 783 « le paquet des racines obscures ».
8. Cf. Anne :

> *L'amour t'aborde, armé des regards de la haine,*
> *Pour combattre dans l'ombre un hydre de baisers.*
> Fragments du Narcisse :
> *L'arbre aveugle vers l'arbre étend ses membres sombres,*
> *Et cherche affreusement l'arbre qui disparaît...*
> Dialogue de l'Arbre :
> *Mais cet avancement procède irrésistible, avec une lenteur*
> *qui le fait implacable comme le temps.*

tels que le sexe, le ver, l'amour, l'inconscient, l'angoisse devant l'obscurité et enfin l'obsession viscérale [9]. Valéry s'est défié de l'imagerie des mystiques, « images les plus usées, les plus frustes. Le germe et la racine qui se développent dans l'obscur de la terre [10] ». Ce qui échappe à l'œil semble être abhorré et tout se passe comme si la conscience claire, la visibilité pure étaient jalouses de leurs lumières. Il y a d'autre part, comme corollaire, l'affirmation tenace que la véritable profondeur se trouve en surface : « Une vie vouée aux couleurs et aux formes n'est pas *a priori* moins profonde ni moins admirable qu'une vie passée dans les ombres *intérieures,* et dont la matière mystérieuse n'est peut-être que l'obscure conscience des vicissitudes de la vie végétative, la résonance des incidents de l'existence viscérale [11]. » Et cependant, malgré cette censure réfléchie d'une certaine « vie intérieure », Valéry exprime les affects avec une rage et un luxe d'images incomparables. Un des récits les plus significatifs à cet égard est un souvenir de jeunesse :

> Tout à coup, abaissant le regard, j'aperçus à quelques pas de moi, sous l'eau merveilleusement plane et transparente, un horrible et splendide chaos qui me fit frémir.
> Je reconnus avec horreur l'affreux amas des viscères et des entrailles de tout le troupeau de Neptune que les pêcheurs avaient rejeté à la mer. Je ne pouvais ni fuir ni supporter ce que je voyais, car le dégoût que ce charnier me causait le disputait en moi à la sensation de beauté réelle et singulière de ce désordre de couleurs organiques, de ces ignobles trophées de glandes [12]...

Rare exemple où la lumière peut convenir avec les ténèbres, où la fascination le dispute à l'horreur. L'image de la racine offre un potentiel affectif ambivalent, elle

---

Le Cimetière marin : *le ver irréfutable.*
Palme : *racines avides.*

9. Cf. T. II, p. 1534 : « Je ne puis souffrir même en idées les rognons, les tripes, les viscères en général ; je n'aime la viande que déguisée. »
10. *Cahiers,* V, 145.
11. T. II, *Pièces sur l'Art,* p. 1306.
12. T. I, *Variétés,* pp. 1088, 1089.

sollicite d'une manière contradictoire la sensibilité. La lumière de la conscience claire s'oppose au phantasme des sens, c'est ce que révélerait sans doute une étude sur la pensée érotique de Valéry. Comme nous le verrons plus loin, le contenu affectif de l'image de la racine n'est pas sans expliquer certains aspects de la pensée de l'auteur.

Si l'image de la racine propose une structure affective ambiguë, l'image du tronc et du feuillage est par contre plus cohérente. La prédilection marquée de Valéry pour les grands arbres est remarquable; il chante la vigueur de l'arbre « semblable à un athlète aux jambes écartées ». Tous les textes sur l'arbre exaltent la grandeur. L'arbre contient en acte une rêverie de puissance tranquille. Le tronc particulièrement est une image inductrice, à laquelle le poète réagit d'une manière égocentrique, car le tronc de l'arbre représente sans doute la partie de l'arbre la plus humaine [13]. La « psychologie de la vie verticale [14] » de l'arbre, dont parle Bachelard, est relativement claire, elle évoque des idées de grandeur et de lumière :

> Afin que l'hymne monte aux oiseaux qui naîtront,
> Et que le pur de l'âme
> Fasse frémir d'espoir les feuillages d'un tronc
> Qui rêve de la flamme [15].

Il existe toute une imagerie complexe du sommet de l'arbre fécondé de lumière et de vent. Les images les plus couramment associées à celles du sommet sont celles du soleil, du serpent, de la torche, du vent, de la lumière. Le réseau métaphorique possède une certaine densité dont l'unité profonde est donnée par les rapports existant entre la personnalité et des puissances supérieures à elle. Sans doute le rêve d'une flamme peut être interprété comme le « splendide égotisme d'un pen-

---

13. D'une manière générale, chaque texte en donne l'exemple. Voir en particulier, *Cahiers*, XV, 644 : « Hêtre divin du Muraltengut. Où véritablement une figure divine se dégage du tronc et puis s'y rengage. Hanche, ventre, aisselle et bras qui s'amincit et s'allonge jusqu'au ciel et la matière de cette écorce lisse, petits plis vraiment de peau... »
14. G. Bachelard, *L'Air et les Songes*, p. 244.
15. *Au Platane*.

seur[16] » s'attachant à poursuivre une personnalité située bien au-delà de ce qu'elle est à un moment donné :

> Tu peux grandir, candeur, mais non rompre les nœuds
> De l'éternelle halte [17]!

L'exaltation de la personnalité suppose un dépassement continuel et même l'embrasement. Le dynamisme ascensionnel, la voie lumineuse mènent à la « cendre pure [18] ». Ces images de la hauteur, du dépassement sont une création parfaitement consciente; Valéry l'éclaire :

> L'arbre est le poème de la croissance. Le crescendo
> Toucher à l'extrême de soi comme le corps qui s'étire [19].

Symbole du dépassement et même de la domination[20], l'image de l'arbre ordonne la vastitude du monde puisqu'il étreint la terre et enferme la lumière du soleil[21]. La comparaison de l'extrémité de l'arbre à une fumée achève le mouvement ascensionnel :

> Cet arbre monte comme une fumée [22]

> L'arbre file entre mes mains, de mes pieds jusqu'à l'extrême de mon regard à demi bloc et à demi fumée [23]

> L'arbre fume et perd quelques oiseaux [24]

> Même, je m'apparus cet arbre vaporeux,
> De qui la majesté légèrement perdue
> S'abandonne à l'amour de toute l'étendue [25]

> Moins amers les parfums des suprêmes fumées
> Qu'abandonnent au vent les feuilles consumées [26]!

---

16. T. I, p. 1237.
17. *Au Platane.*
18. *Dialogue de l'Arbre.*
19. *Cahiers*, XXV, 118.
20. Cf. thèmes identiques par ce côté : *César*, T. I, p. 79. *Air de Sémiramis*, T. I, p. 91.
21. Le feuillage contient « l'or oisif des soleils secs », l'arbre plonge ses bras dans « l'or très pur » dans *Ébauche d'un Serpent*. Il est « au comble de l'or » dans *Au Platane*. La cime est fécondée de lumière dans *La Jeune Parque*.
22. *Cahiers*, I, 66.
23. *Cahiers*, II, 910.
24. *Été*, T. I, p. 85.
25. *La Jeune Parque*, T. I, pp. 107-108.
26. T. I, *Fragments du Narcisse*, p. 127.

> De toute une forêt qui se consume, ceinte,
> et sise dans l'azur vivant par tant d'oiseaux [27]?

Les vers de *La Jeune Parque* sont les plus significatifs. M. Walzer parle d'un « appel mystique à la volupté du non-être [28] » et pour appuyer son interprétation il cite la version primitive :

> Même je m'apparus cet arbre vaporeux,
> De qui la majesté légèrement perdue
> Verse, source visible à la toute étendue,
> Et gagne le néant de la ténuité.

Cette vision verticale, en fait, est proprement dynamique. Le néant, s'il existe, ne s'obtient que par évanouissement, qui est bien cet « aromatique avenir de fumée » ou bien cette « transparente morte » qu'évoque *La Jeune Parque* dans le même passage. Quel vocable peut ici sans ambiguïté décrire ce mouvement d'un être qui se dévoile et se *néantise*? L'idée d'absolu s'impose aussi dans toute sa richesse sémantique : acte de délier, d'affranchir et de parfaire. La vie affective et la vie intellectuelle sont intimement liées dans les métaphores de l'arbre-fumée :

> Mon cortège, en esprit, se berçait de cyprès...
>   Vers un aromatique avenir de fumée,
> Je me sentais conduite, offerte et consumée,
> Toute, toute promise aux nuages heureux!
> Même, je m'apparus cet arbre vaporeux [29].

L'être végétal est « le conducteur du tout [30] », son dynamisme ascensionnel est encore renforcé par l'image du fleuve qui s'épanche dans les airs : « Considérez une plante, admirez un grand arbre, et voyez en esprit que ce n'est qu'un fleuve dressé qui s'épanche dans l'air du ciel [31]. » Contrairement aussi à la nature lente de sa croissance, l'arbre intériorisé peut exprimer une tension violente de l'être. L'arbre « éclate [32] », grandit

---

27. T. I, p. 128.
28. P.-O. Walzer, *La Poésie de Valéry*, p. 221.
29. *La Jeune Parque*, T. I, p. 107.
30. Philon d'Alexandrie, *De Plantatione*, p. 23.
31. *Louanges de l'Eau*, T. I, p. 203.
32. *Cahiers*, II, 113.

Valéry

instantanément[33]. L'interprétation de l'image de l'arbre-fusée[34] est malaisée, car Valéry avait un faible pour toute comparaison tirée du domaine de la mécanique, mais il est clair que cette image exprimant une idée de force et même d'impulsion violente échappant à la volonté s'accorde mal à la nature végétale de l'arbre.

Les images de l'être végétal, empruntées à la nature même de l'homme, confirment combien le langage, ce « dieu dans la chair égaré[35] », est un anthropomorphisme perpétuel.

[...] D'une manière générale, le thème de l'arbre est d'une essence féminine atténuée. Valéry veut même « parler d'un arbre en termes de corps féminin[36] ». Le « poli de l'arbre », sa « blancheur d'amande[37] », ses fruits lourds, sa complicité et son affinité avec le temps, sa grâce et le don de ses fruits évoquent la féminité. Les associations *larmes — féminité — montée des sèves* ont été remarquablement analysées[38]. Au-delà de la répulsion qu'inspirent les images de la vie souterraine de la racine, la descente dans les profondeurs, se développe l'image de l'exaltation des sèves, de la montée des larmes[39]. Si cette exaltation de la sève et de la larme est

---

33. *Cahiers,* II, 629.
34. *Cahiers,* XI, 40 : « Plante, système de forces, fusée »; *Cahiers,* XI, 41; *Cahiers,* X, 492 : « Explosion lente d'un germe ».
35. *La Pythie,* T. I, p. 136.
36. *Cahiers,* XII, 766.
37. *Cahiers,* I, 722.
38. Charles Mauron, *Des Métaphores obsédantes au Mythe personnel,* pp. 101, 102, 103.
39. *La Jeune Parque,* T. I, p. 104:
   Très imminente larme
   Cette distraction de mon suc précieux,
   Tu gravis mes degrés de mortelle et de mère,
   Et déchirant ta route, opiniâtre faix,
   Dans le temps que je vis, les lenteurs que tu fais
   M'étouffent...
Ébauche d'un Serpent, T. I, p. 145 :
   Poursuis des sucs délicieux.
Palme, T. I, p. 155 :
   Dans un suc où s'accumule
   Tout l'arôme des amours
   Par la sève solennelle — Une espérance éternelle —
   Monte à la maturité!

la promesse d'un dépassement, la valeur affective est cependant différente dans *La Jeune Parque* et dans *Palme;* dans ce dernier texte il n'y a plus trace de situation dramatique, de tension, de lutte, mais il y règne une harmonie, une sérénité. La larme de la palme n'est pas amère, mais douce; dans le dernier poème de Valéry *l'Ange*, le thème de la larme résume toute la « Tristesse en forme d'homme ». L'intelligence « ne peut point se reconnaître dans ce visage porteur de pleurs, dans ces yeux dont la lumière qui les compose est comme attendrie par l'humide imminence de leurs larmes[40] ». La vie, symbolisée par la montée des sèves, des larmes, ne peut être comprise par l'intelligence. L'image de l'arbre, où se décante souvent une vie affective trop intense, reflète encore une certaine ambivalence affective. Existe-t-il un hermaphrodisme de l'arbre? La Jeune Parque et Narcisse sont parfois dépeints comme des êtres végétaux[41]. Narcisse d'ailleurs est comparé à l'arbre, il est « souple comme une palme[42] », et inversement « l'arbre se penche vers son image dans l'eau calme[43] » comme le fait Narcisse.

[...] Il n'y a pas de sapin, ni de chêne dans la poésie valéryenne et on ne pourrait imaginer qu'il y en eût. Le choix du mot *palme* résume assez le goût, l'atticisme du poète; l'exotisme exubérant et coloré du mot *palmier* est inconcevable dans un poème d'où émane une grâce mesurée. Le thème de l'arbre, synthèse de tous les éléments, a particulièrement une irradiation spatiale, qui s'exprime par les mots : *espace-fumée — vapeur — or — soleil — oiseau — saphir — âme — flamme — torche — front — source*. L'arbre est encore blason du corps

---

40. T. I, p. 206.
41. *La Jeune Parque*, T. I, p. 100 :
    L'arc de mon brusque corps s'accuse et me prononce,
    Nu sous la voile enflé de vivantes couleurs
    Que dispute ma race aux longs liens de fleurs!
    Fragments du Narcisse, T. I, p. 129 :
    Et sans quitter mes yeux, sans cesser d'être moi,
    Tendre ta forme fraîche, et cette claire écorce...
    Oh, te saisir enfin... Prendre ce calme torse
    Plus pur que d'une femme et non formé de fruits?...
42. *Cantate du Narcisse*, T. I, p. 405.
43. *Cahiers*, XXVIII, 580.

humain : *hanche, torse, aisselle, peau, chair, femme.* C'est un arbre d'ailleurs de nature féminine attestée par l'association *fruit — maternité.* Le naturel mystérieux et horrible de la racine est résumé par l'image de l'hydre suivie de tout un cortège obscur : *bête hideuse — taupe — mort — labyrinthe — viscère — ténèbre — entrailles — humeur — avide — aveugle — affreusement.* Valéry utilise encore des « effets latéraux » qui enrichissent ses poèmes ; les images du serpent, du soleil, du fleuve, de la mer, les thèmes de l'amour, de la mort sont autant de parties éclatantes qui donnent à l'arbre une vie multiple et mouvante. Les mots démontrent assez que l'arbre est un *flux d'univers.* À cet inventaire rapide s'impose une conclusion : il n'y a dans le choix des mots aucune originalité particulière. Valéry cependant donne au mot une richesse sémantique servant les cheminements affectifs et l'irradiation intellectuelle *(lent — bras — calme — palme — hydre — rame — candeur — exalte).* Grâce à l'alliance des mots, Valéry donne à ceux-ci par surimpression une valeur métaphorique nouvelle.

[...] La simplicité du regard, la tendresse qui s'exprime dans les rapports confiants entre le poète et le monde sont pour le cœur une réfection semblable à celle qu'apporte la poésie virgilienne toute proche de la nature. L'arbre dans le *Dialogue* est le thème d'élection permettant à Tityre de vivre, grâce à ses facultés mimiques, en harmonie avec la nature et à Lucrèce d'exercer une intelligence vive.

Albert Thibaudet

13. [UNE NOUVELLE MANIÈRE D'ÉCRIRE]

L'ouvrage de Thibaudet est l'un des premiers livres consacrés à l'œuvre de Valéry. Le célèbre critique y découvrait déjà l'originalité de l'écrivain dans sa façon de se situer par rapport à la création littéraire.

ALBERT THIBAUDET, *Paul Valéry,* coll. « Cahiers verts », Paris, 1923, © éd. Bernard Grasset.

Albert Thibaudet

(Valéry vient d'évoquer une conversation avec Mallarmé à propos d'Un coup de dés...; Thibaudet cite cette page.)

« [...] Nous marchions. Au creux d'une belle nuit, dans les propos que nous échangions, je songeais à la tentation merveilleuse ; quel modèle, quel enseignement, là-haut ! Où Kant, assez naïvement, peut-être, avait cru voir la Loi Morale, Mallarmé percevait sans doute l'impératif d'une poésie : une Poétique. »

L'intuition n'a pas pris ici de forme poétique, mais nous voyons déjà sur quels tableaux elle joue : deux tableaux contraires, être et non-être, et le ciel d'étoiles porté indifféremment au compte de l'un ou au compte de l'autre, chacun de ces tableaux logiques détruit logiquement par l'autre, et leur réalité pour le poète comme leur réalité pour le physicien consistant dans un ordre ou une nature de *relations*. C'est bien, en partie, de son fond de poète que Valéry s'est intéressé si vivement à Einstein et aux théories de la relativité.

Pour voir cette idée poétique se transposer en création poétique, prenez l'*Ode secrète*. C'est, sur un crépuscule encore rose, le soir étoilé qui va monter. Images du bûcher d'Hercule, image des monstres dont on donne le nom aux constellations, mais images fluides et non solides, images qui se défont pour devenir des relations entre des figures et des pensées quelconques, et ce *quelconque* coïncidant précisément avec le hasard du ciel étoilé.

> Mais touché par le Crépuscule,
> Ce grand corps qui fit tant de choses,
> Qui dansait, qui rompit Hercule,
> N'est plus qu'une masse de roses !
>
> Dormez, sous les pas sidéraux,
> Vainqueur lentement désuni,
> Car l'Hydre inhérente au héros
> S'est éployée à l'infini...
>
> Ô quel Taureau, quel Chien, quelle Ourse,
> Quels objets de victoire énorme,
> Quand elle entre aux temps sans ressource
> L'âme extraordinaire forme !

Valéry

> Fin suprême, étincellement
> Qui par les monstres et les dieux,
> Proclame universellement
> Les grands actes qui sont aux Cieux !

Le ciel est donné pur de toute interprétation sentimentale, comme un ordre de relations qui s'appliquent également à l'un ou à l'autre des deux tableaux, au sujet qui voit et qui fait, — à l'âme, — ou au sujet qui est, — le Ciel. Cela peut se noter algébriquement, c'est même noté algébriquement dans le poème : $h = h$. Seulement $h = h$ n'est pas noté par un mathématicien, mais créé par un poète, et cela s'écrit ainsi :

> Car l'Hydre inhérente au héros

Les équations de l'algébriste ce sont chez le poète les assonances et les allitérations. Allitération des trois r pour l'oreille et des trois h pour l'œil. Je me plais (un peu subtilement) à trouver, devant le ciel, dans la page intérieure, un peu de l'élément visuel qu'il y a dans la page mallarméenne. Tout le poème tourne d'ailleurs sur ce vers, sur cette inhérence de l'hydre au héros, du firmament à l'âme, de l'un qui se déploie, ainsi qu'une page écrite, comme la suite, l'équivalent, la consonance de l'autre.

Lisez *Le Cantique des Colonnes,* fait avec des quatrains d'hexasyllabes, qui donnent en effet, sur la page, une disposition typographique de colonne. Le poème au premier abord peut paraître un peu obscur. Il devient très clair, non seulement dans son détail, mais dans son dessin d'ensemble, quand on sent les raisons qui ont fait élire ce sujet à Valéry. Les colonnes, dans le temple, ne figurent pas seulement des supports, mais aussi des rapports. Elles ne sont pas par elles-mêmes, mais elles se rapportent les unes aux autres. Et la plupart des stances expriment par des images un rapport des colonnes au temple qu'elles portent, ou à la lumière, ou à l'atmosphère.

> Pieusement pareilles,
> . . . .
> Nous allons sans les dieux
> À la divinité !

Dès qu'un rapport insisterait en une image, il deviendrait une chose. La poésie de Valéry, qui se défend de l'oratoire, se défend de toute insistance, et chaque image n'est tangente, comme la droite au cercle, qu'en un point du poème. Dès qu'a lui l'éclair en lequel elle s'acquitte de sa fonction de rapport, son rôle est fini. De là cette figure de fuite, d'allusion, qu'elle prend, comme celle de Mallarmé, au regard de la raison.

> Ni lu ni compris ?
> Aux meilleurs esprits
> Que d'erreurs promises !
>
> Ni vu ni connu,
> Le temps d'un sein nu
> Entre deux chemises !

Ce qu'indique ici son vers, par des images consubstantielles à cette fulguration, Valéry l'a dit ailleurs (dans sa préface à *Connaissance de la Déesse*) en prose. « Rien de si pur ne peut coexister avec les conditions de la vie. Nous traversons seulement l'idée de la perfection, comme la main impunément tranche la flamme ; mais la flamme est inhabitable, et les demeures de la plus haute sérénité sont nécessairement désertes » et « la poésie absolue ne peut procéder que par merveilles exceptionnelles ».

Cette fuite et cette allusion, le caractère exceptionnel d'une merveille entrevue, inquiètent le lecteur, habitué à la poésie ordinaire, sentimentale et logique. Il a l'impression de marcher dans un monde sans pesanteur. Il sent le poème délesté de quelque chose à laquelle il est accoutumé. Délesté de quoi ? D'une nécessité. Devant une tirade de Racine, un beau poème de Lamartine, nous éprouvons le sentiment que cela ne pouvait pas être autre. Nous n'imaginons pas que l'Iphigénie racinienne puisse accueillir par d'autres paroles l'annonce de son sacrifice, que Lamartine puisse répondre autrement à Barthélemy que par les strophes *A Némésis*. Nécessité que projette comme une ombre le continu de la liaison oratoire, où chaque partie est exprimée dans l'ensemble, est donnée dans l'idée du tout, de sorte que, pour concevoir autre la partie, il faudrait modifier tout ce qui la précède et tout ce qu'elle annonce.

Valéry

Devant des vers de Mallarmé ou de Valéry, nous n'avons pas le sentiment de ce déterminisme. Ce qui vient nous paraît venir sans raison qui soit annoncée ou sollicitée par ce qui précède. Dirons-nous que l'auteur se laisse mener par les mots ? Peut-être, mais pas plus que l'arithméticien par les nombres. Valéry s'en est expliqué dans la note finale de l'*Album de Vers anciens* sur l'*Amateur de Poèmes*. « Je ressens, dit-il, chaque parole dans toute sa force pour l'avoir indéfiniment attendue. » Chaque parole participe de mon être profond, imprévisible, le lointain de son origine fait la force vive avec laquelle elle m'arrive. Si elle m'arrivait de plus près, d'un moi habituel, social, prévisible, elle perdrait cette force, elle serait le *telum sine ictu,* et, à la limite, l'épingle sur la pelote des êtres qui pensent et écrivent par clichés. Cette parole, ainsi délestée de nécessité, dira-t-on qu'elle n'atteste que le hasard ? Oui, s'il s'agissait d'un autre que du poète. Mais, dans le monde du poète pur, monde plein, sans lacune et sans désordre, il n'y a pas de hasard. « Nul hasard, — mais une chance extraordinaire se fortifie. » Et la poésie n'est peut-être que ceci : transformation, chez certains êtres privilégiés, du hasard en chance. Le hasard de la rime, qui fait dans un salon le jeu des bouts-rimés, devient chez un Hugo la chance miraculeuse qui se renouvelle à chaque distique. Allons même plus loin que la chance, et disons liberté : liberté dévolue au pur poète d'affecter chaque mot de la langue commune d'un exposant pris à la langue propre du poète, et que son art lui permette d'imposer au lecteur.

> Pas un mot où l'idée au vol pur
> Ne puisse se poser, tout humide d'azur.

Cette langue du poète elle peut, comme les rapports métaphysiques, se poser sur toutes choses, précisément parce que sa nature à elle ne comporte pas de choses, mais des mouvements. Pas de poésie sans une absence. Pour le poète le seul être qui manque ne dépeuple pas tout — mais au contraire peuple tout. Ainsi l'immatérialité même des mathématiques les fait commander à toute matière. Pas d'âme de poète qui ne soit vide, et ce vide fait sa vie, fait le lit qui reçoit sa forme pure : poésie ne donne point possession, parce qu'il n'y a pas de *chose* poétique — mais attente, espoir, désir, regret, mémoire, *Nénuphar Blanc* de Mallarmé. Valéry l'a redit :

> Ne hâte pas cet acte tendre
> Douceur d'être et de n'être pas,
> Car j'ai vécu de vous attendre,
> Et mon cœur n'était que vos pas.

Hasard heureux, chance, liberté, mouvement pur — dirons-nous donc facilité? Jamais. Le contraire. Laissons de côté la question de savoir si Valéry écrit facilement. (Il a écrit *La Jeune Parque* péniblement, l'a tirée peu à peu d'un monde de ratures, et les poèmes suivants avec une assez grande facilité.) Ici le temps ne fait rien à l'affaire. Il ne s'agit pas de la facilité de l'auteur. Encore bien moins s'agit-il de la facilité du lecteur à lire et à comprendre : on sait, et de reste, que, pratiquement, Valéry est un auteur difficile. Il ne s'agit ni de l'auteur ni du lecteur, mais de la poésie. Valéry ne trouve pas de difficulté extraordinaire dans son esprit qui pense, ni dans sa main qui fréquente le papier. Il ne s'inquiète pas des difficultés que peut rencontrer le lecteur, à l'existence duquel il ne croit guère. Mais il veut des difficultés à sa poésie, comme un mathématicien supérieur veut des difficultés dans ses problèmes, même et surtout si ces difficultés objectives vont avec une facilité singulière de son esprit à les résoudre.

« Tout jugement que l'on veut porter sur une œuvre, écrit Valéry dans sa préface au livre de M. Fabre, doit faire état, avant toute chose, des difficultés que son auteur s'est données. On peut dire que le relevé de ces gênes volontaires, quand on arrive à les reconstituer, révèle sur-le-champ le degré intellectuel du poète, la qualité de son orgueil, la délicatesse et le despotisme de sa nature. »

Entendons-nous bien sur ce principe. Il ne saurait s'agir de difficultés quelconques. Il serait absurde d'accorder la moindre valeur aux difficultés vaincues par un poète qui écrirait trois cents vers sans employer une fois la voyelle i. Les poèmes à formes fixes et les feux d'artifice de rimes qui ont fait fureur au XVe siècle ne pouvaient pas donner grand-chose et ont été abandonnés par la poésie française. C'est que ce sont là des

Valéry

difficultés extérieures qui, à l'intérieur du *poème*, permettent la pire des licences ou plutôt impliquent la pire des nécessités : celle de faire de mauvais vers. Les difficultés, les obstacles, la douane qui ne laisse passer que certaines paroles et qui exclut les autres, cela doit se trouver à l'intérieur du *vers,* cela lui fait sa discipline morale et la culture de son corps, cela lui donnera une chair solide et une conscience nette. Dans un milieu et dans un temps où régnait le vers libre, Valéry, comme Mallarmé, a voulu un vers discipliné, une rime aussi entière et aussi probe que celle de Hugo et des Parnassiens. Et il est allé plus loin.

La rime ne fait que localiser à la fin du vers l'assonance et, par la consonne d'appui, l'allitération; mais cette localisation obligatoire ne suffit pas plus à faire de bons vers que l'obéissance aux lois, décrets et règlements, ne suffit à faire un honnête homme. Assonance et allitération seraient, de droit, répandues sur tout le vers, comme les « yeux » du paon, peut-être héritiers des taches pigmentaires qui se sont localisées en organes de vision, le sont sur tout son plumage. En réalité elles restent libres, sauf à la rime, et le poète s'en dispense ou en use selon la chance des mots. Valéry refuse de s'en dispenser, exige de chacun de ses vers, ou presque, qu'il soit, à l'intérieur, assonancé et allitéré.

> Et la prunelle suspendue
> Au point le plus haut de l'horreur,
> Le regard qui manque à son masque,
> S'arrache vivant à la vasque,
> À la fumée, à la fureur.

Cela allait même, dans ses premiers poèmes, à de véritables jeux, d'ailleurs aimables. Voici une *Fileuse* qui commence ainsi :

> Assise, la fileuse au bleu de la croisée
> Où le jardin mélodieux se dodeline,
> Le rouet ancien qui ronfle l'a grisée,

Tout le poème est construit sur des allitérations d'*l* et d'*r, l* exprimant sans doute la laine, et *r* le rouet. Et il finit sur le beau poids de laine de ce dernier vers :

> Au bleu de la croisée où tu filais la laine.

La Jeune Parque est assonancée et allitérée avec autant de persévérance et de soin qu'un poème de Banville est attentivement rimé. Ce n'est pas du tout à dire que Valéry cherche ces rencontres de voyelles et de consonnes comme un poète du XVe siècle cherchait les rimes redoublées et équivoquées, mais il refuse spontanément, instinctivement, le vers où elles ne sont pas, et le vers où elles ne sont pas, certain d'être refusé, ne vient presque plus, ce qui donne sans doute, dans la rédaction, à cette difficulté de principe la figure d'une facilité réelle.

> Salut ! encore endormies
> À nos sourires jumeaux,
> Similitudes amies
> Qui brillez parmi les mots ! [etc.]

Mallarmé a écrit dans la *Prose pour des Esseintes* son Art Poétique. Ce poème d'*Aurore* en tiendrait peut-être lieu chez Valéry. Si on lui voulait un titre explicatif, plus complet et plus lourd, il faudrait l'appeler : Un lever de soleil sur des Idées. Lever de soleil qui fait place à un jour. Les Idées ont tissé leur toile dans le silence intérieur du poète :

> Nous étions non éloignées,
> Mais secrètes araignées
> Dans les ténèbres de toi.

Et le poète brise cette toile emperlée des Idées, ces allusions de l'esprit

> Être ! Universelle oreille !
> Toute l'âme s'appareille
> À l'extrême du désir...
> Elle s'écoute qui tremble
> Et parfois ma lèvre semble
> Son frémissement saisir.

De l'écorce brillante du monde, il est passé à sa pulpe sensuelle, à son fruit. C'est le vers réel, musical, rapport dans le langage de l'esprit, mais qui, dans le langage des sens, et pour l'oreille qui le goûte, est chose, réalise un absolu, accordé à la profondeur infinie ; le vers qui n'est pas atteint de plain-pied, comme certitude claire et

Valéry

due, mais furtivement, dans le miracle aigu et douloureux, dans la piqûre de l'instant :

> Je ne crains pas les épines !
> L'éveil est bon, même dur !
> Ces idéales rapines
> Ne veulent pas qu'on soit sûr :
> Il n'est pour ravir un monde
> De blessure si profonde
> Qui ne soit au ravisseur
> Une féconde blessure,
> Et son propre sang l'assure
> D'être le vrai possesseur.

Alain

14. [SUR *LA PYTHIE*, OU DE LA MÉTAPHORE]

À propos de la dernière strophe — très fameuse — de *La Pythie*

(Honneur des Hommes, Saint LANGAGE)

voici des réflexions du philosophe à qui Valéry accorda le privilège de publier son interprétation de chaque poème du recueil *Charmes*.

[...] Ce n'est pas ici l'histoire d'une pensée, c'est l'histoire d'un poème ; et c'est ce que la pure sonorité de la dernière strophe a fini par me faire entendre. L'émotion est la source ; je dis l'émotion et non pas la passion. Il n'est pas inutile de dire que les passions sont très raisonnables, et parlent le langage du prétoire ; c'est pourquoi je dis que toute poésie est sauvage, et, en ce poète, peut-être la plus sauvage que l'on ait lue. Je crois que le premier travail du poète, en son premier

ALAIN, commentaires à *Charmes* de Paul Valéry, N.R.F., Paris, 1929, © éd. Gallimard.

et principal refus, c'est de retourner de passion à émotion pure. Et l'émotion pure est un étrange délire ; car tout monte alors des talons, comme une peur ou une colère :

> Ô formidablement gravie,
> Et sur d'effrayants échelons...

Au reste ce n'est ni peur ni colère, ni rien qu'on puisse dire, si ce n'est tempête de chair. En ce corps humain, formé de solides articulés, puis de muscles dont chacun se met en boule à la moindre alerte comme un animal, puis de nerfs où des messages de sédition courent en tous sens et se renforcent par la course même, en ce corps donc, d'une telle fabrique, le sursaut voyage comme une onde ; et cette convulsion, en ce sac de peau, s'exprime par cette sorte d'horreur qu'on trouve sans masque ni politesse dans ce poème, mais que chacun trouve en soi comme un commencement de mort, dès que l'alarme sonne. Les passionnés, disais-je, sont des raisonneurs ; mais en cela ils trompent et se trompent ; leurs pensées sont convulsives par le dessous. Il n'y a que poésie, musique ou gymnastique qui les puisse sauver. La gymnastique ne se raccorde pas aux pensées, je veux dire aux discours ; la musique non plus. Aussi quoique l'une et l'autre étirent brin à brin nos fibres nouées, et fassent couler l'émotion selon notre forme, le penseur, qui est en tout homme le plus exigeant et le plus fatigant de l'homme, n'y trouvera point son repos. Par la poésie seulement l'émotion se discipline en un discours assuré, en un discours que l'on peut redire. Comme sous-titre à cette pièce, je choisirais : ou de la métaphore. C'est que le poète m'a éclairé un peu ce difficile problème. À prendre la métaphore au niveau de la pensée, on n'y peut rien comprendre. Car ce n'est point comparaison qui éclaire, comme on voit dans les plats rimeurs, mais c'est comparaison qui règle. Il faut dire premièrement que la métaphore n'est pas image, mais mouvement ; ou, mieux, que l'image n'est pas une sorte de peinture sans consistance, mais seulement un mouvement du corps humain, qui exprime une présence, bien plutôt qu'une forme. On peut imaginer un lion à la manière du naturaliste ; c'est alors une peinture sage, soutenue par un discours en ordre ;

mais si l'on a seulement peur du lion et si en même temps on esquisse la défense, toujours imitative ainsi qu'un moule en creux, alors on ne se représente pas le lion, mais on le sent présent et au contact. Les imaginations fortes restent enfermées dans l'émotion. La métaphore faible est celle qui veut ressembler à l'objet; la métaphore puissante n'exprime qu'un sursaut du corps, traduisant l'objet par le mouvement. Ainsi la cohérence des métaphores n'est point jugée par l'entendement, mais par le corps; les liens métaphoriques sont nos fibres mêmes, et les jeux d'irritation, de fatigue, de compensation qui s'y déroulent.

Cette Pythie est donc le lieu des métaphores, ou bien les métaphores à l'état de sauvagerie et de fureur. Toutes les émotions ici décrites, et jusqu'au point de rupture, sont pourtant senties, et dans le moindre poème, si l'on y fait attention; et, des talons à la nuque, c'est toujours la convulsion Pythique :

Le long de ma ligne frileuse...

On étonnerait beaucoup un homme poli, si l'on mesurait tous les mouvements qu'il commence, comme de mordre, de bondir, de frapper; ou encore mieux si l'on retrouvait, dans ses phrases parées, les mouvements de déchirer et de dévorer, produisant, comme d'un moule aux mille formes, tous les bruits d'une respiration étranglée et tous les essais de rugissement. C'est pourquoi le langage offense et irrite, et c'est par cette matière en tempête que la politesse est quelque chose. Qu'est-elle? Un art d'enchaîner, de préparer, de ne pas surprendre; elle est par une menace continuellement adoucie. La poésie pourrait être prise comme une politesse plus étudiée, qui mesure d'avance tous les genres de cris, de façon que l'un annonce l'autre, et quelquefois d'assez loin, par la rime; mais tout est rime, tout est forme de bouche dessinée d'avance, et attitude du corps dessinée d'avance. Un homme vraiment poli est capable de dire quelque chose, c'est-à-dire de tirer du sommeil un autre homme poli, sans le jeter à la terreur. L'apprenti ne peut improviser; il répète seulement ce qui a été dit; il est écho; il rime trop. Pareillement la poésie est un art qui peut oser beaucoup, et qui réveille la bête, mais en conduisant de sursaut en sursaut l'onde musculaire toute neuve ; c'est comme un scandale qui ne cesse point d'être pardonné. Ou, pour dire encore autrement, non seulement la chose inattendue montre qu'elle était attendue, mais, par le mouvement continu et qui ne fléchit point, l'étonnement qui allait naître et surplomber est aussitôt recouvert et rabattu par un autre, qui est l'effet d'une autre similitude ou d'une autre préparation. La poésie est donc une annonce toujours, et sa loi est que l'annoncé à son tour annonce. L'homme n'a pas le temps, alors, de s'effrayer de lui-même ; le moment tragique est à peine aperçu qu'il est passé et dépassé. C'est pourtant la même chair qui lutte contre elle-même. Seulement tous ces mouvements sont alors réglés selon la forme du corps, par la loi de musique, par la mesure revenant et par les sonorités attendues. Ce qui est propre à la poésie, c'est de superposer à ces règles encore la règle du langage :

> Belles chaînes en qui s'engage
> Le dieu dans la chair égaré.

Et la métaphore consiste alors en ceci, qu'un vif mouvement, mais discipliné, se traduit en langage d'objet ; l'objet juste, l'objet qui calme, l'objet qui guérit, c'est l'objet auquel ce mouvement, ou plutôt ce geste, est conforme ; et il faut admirer comment, par cette assurance retrouvée du corps humain, le monde ainsi évoqué, et comme par morceaux, a pourtant la solidité et le repos du monde vrai. Du moment que je sais m'y mouvoir, c'est le monde vrai.

Relisez la dernière strophe ; bien petite chose, me semblait-il, comparée à l'énorme préparation ; et comme je le disais au poète, sans aucun égard, à la manière du lecteur qui interpelle le livre, il inclina d'abord à me donner raison, disant qu'il y avait une autre version de cette fin, se proposant de l'ajouter, en cette édition. Mais cette opinion n'avait point d'avenir. J'en jugeais, moi, par le concept, comme on dit ; mais le poète en jugeait d'après le dénouement, au sens plein du mot, et le poète avait raison. La vérité des passions et des émotions n'est pas ce que dicte la raison, mais plutôt c'est comme le soupir du corps dénoué. Et nous pouvons même apprécier ici, comme d'après une planche anatomique, la proportion de nature entre le moment de la poésie et l'immense préparation, ou, si vous voulez, la longue transe; ordinairement sous-entendue; présente, par l'écho, par la résonance en arrière, présente dans un sonnet, dans une pièce courte. Et c'est le lieu de remarquer que toute poésie est plus courte que nature; un vers est court; cette règle est sans pardon; tout ce qui fait longueur et développement est étranger à la poésie. Tout y est raccourci, sacrifice, massacre de l'interminable récit et de l'interminable plainte.

Octave Nadal
15. [LES SECRETS DU LABORATOIRE]

> Pour une édition de *La Jeune Parque* au Club du Meilleur Livre (Paris, 1957), M. Nadal scrute les brouillons du poème et en dégage une analyse de la « création poétique ». Dans une première partie, intitulée « Naissance d'un motif », l'auteur a présenté des fragments de Valéry (datés de 1912-1914) qui contiennent *en puissance* le problème central du poème futur, en une série de termes-figures : *pensée, larmes, sein, île, feuille, étoiles.* Dans une seconde partie, « Développement d'un thème », on voit se constituer l'ensemble « *Renaissance* » (ou « Printemps »). Voici la troisième partie, qui montre le poète aux prises avec les mots.

Palettes

La Jeune Parque présente un art nouveau d'invention et de composition exercé non plus à partir des idées, des sentiments, des images, etc., mais à partir du langage même. Il s'agissait pour Valéry de promouvoir ce dernier à son acte formel par le développement de toutes

OCTAVE NADAL, *À mesure haute*, Paris, 1964, © Mercure de France.

ses structures et l'alerte concertée de toutes ses fonctions. À cet effet, le poète s'est donné des palettes de mots. Comme pour le peintre la couleur, le musicien le son, les mots sont pour Valéry la matière première du poème. Toutes les virtualités qu'ils peuvent contenir, intelligibles : image et signe, sensibles : musique, rythme, timbre, etc., sont interrogées, attendues, retenues, provoquées au cours d'opérations à la fois hasardeuses et méthodiques qui les mettent en aventure poétique. Il s'agit d'atteindre par combinaisons, substitutions, réductions, à l'expansion la plus grande des mots dans leur double fonction signifiante et délectable. Cet art certes n'est point particulier à Valéry ; depuis Nerval et Baudelaire les symbolistes avaient pratiqué volontiers le langage de mot en mot et non d'idée en idée, réveillant en lui ses causes sensibles originelles de chant, ses pouvoirs de métamorphoses. Mais nul ne semble être allé si avant que Valéry dans l'exercice total des formes mêmes du langage en tant que mots.

Il n'est pas question dans ces palettes — bien que cela arrive quelquefois — d'un simple rappel de rimes, mais bien d'étaler sur la page une matière verbale riche, immédiatement disponible et maniable, un éventail de mots en formation qui soit le plus vaste possible dans la sphère du sens comme dans celle de la sonorité. Toute la course sémantique et toute la profondeur phonétique sont systématiquement parcourues. On assiste, à regarder avec attention ces palettes, à une sorte de végétation ou de prolifération de mots appelés les uns les autres par des relations de similitude ou d'opposition, sonores ou logiques ; développés dans tout leur espace les mots remontent à travers l'épaisseur de leur histoire jusqu'à leurs racines étymologiques, réveillant d'anciennes significations, des valeurs, des nuances oubliées ou nouvelles ; tout un jeu de métaphores latentes naît de leurs formes rapprochées, juxtaposées ou mêlées. Tel est le parti pris d'exercer les mots à tous leurs sons et à tous leurs sens possibles, de leur redonner tout leur pouvoir. À cette fin Valéry rassemble dans le champ phonétique d'un mot choisi ses homonymes, ses euphonies, les rimes, les allitérations, les consonances et parentés harmoniques ; pour le champ sémantique il utilise les synonymes, les dérivés, les mots composés, tous les modes, substantif, adjectif, verbe ; il poursuit l'abstrait dans le concret et le concret dans l'abstrait, l'image dans la signification et le sens dans l'image ; il retrouve successivement leur représentation, leur expression, leurs symboles ; il les délie de leurs significations ou accords habituels, de leur cliché, pour leur donner de neuves alliances, etc.

Ces recherches au niveau de la structure formelle se développent sur de petites ou de grandes palettes de vocables ; on y peut suivre les variations, les transferts, les métamorphoses, les progressions linguistiques les moins attendus. Une sorte de stratégie du langage, de ses mécanismes, de ses inépuisables ressources va sans cesse à son approfondissement et à sa plus large extension poétique. De même que Delacroix étalait et traitait sur sa palette la gamme la plus nombreuse de couleurs qu'il sentait propres à rendre tel effet recherché, les faisant sourdre de leur rapprochement ou de leur mélange, activant si l'on peut dire la matière picturale et la forçant à progresser à partir d'elle-même, Valéry, de même, dispose et rassemble les mots pour les faire jouer de toutes leurs voix et de tous leurs signes, pour qu'ils tentent toutes leurs chances d'harmonie et de sens et se fassent eux-mêmes fabulateurs. Bien entendu, le poète mène le jeu, mais les mots l'obligent. « C'est le grand art pour moi en matière de poésie, écrit-il, que de dresser l'animal Langage, et de le mener où il n'a pas coutume d'aller. » Certes. Mais en retour on voit bien comme l'allure même des vocables, leur génération naturelle et irrépressible, lui imposent de s'abandonner à eux, de se tenir au plus près de leurs actes et de leur errement même. Pour Valéry l'invention n'est d'ailleurs qu'à ce prix : « Je ne prise l'acte d'écrivain que pour autant qu'il est de la nature ou de la puissance d'un progrès de l'ordre du langage. » Le lecteur pourra suivre ce progrès sur les palettes qui constituent la première étape de l'exercice poétique de *La Jeune Parque;* certaines d'entre elles ont été choisies pour leur reportage très ouvert de mots-sons, d'autres pour celui de mots-signes. Nous y avons ajouté certaines remarques de Valéry, sortes de schémas ou de canevas très précieux à connaître, si l'on veut suivre le poète dans tous les moments de la genèse de son poème ; ce sont des relais où la réflexion entend dire elle aussi son mot, son projet, sa méthode.

Les palettes, sommaires ou complexes, présentent des groupements harmoniques ou logiques de mots dont les effets et les actions réciproques constituent une sorte de première ébauche de création par la parole. Les jeux de sens et de sons menés autour d'un mot, d'un groupe de mots ou quelquefois d'une phrase dessinent les itinéraires imprévisibles de la pensée ou de l'image. Les modes sensibles, rythme, tonalité, allure des vocables tirent les uns sur les autres selon leurs affinités, leur opposition ou leur contraste formels, à la façon des particules qui s'orientent dans un champ magnétique. Je songe surtout aux palettes-vocables où régulièrement, systématiquement, par combinaisons, substitutions, réductions ou amplifications est traitée et exercée la matière plastique du langage. Ces opérations structurales, ou comme le définit Valéry ce « travail dit de l'écriture transformé en exécutions matérielles », portent sur des formes élémentaires comme sur des ensembles parfois considérables de mots. Nulle inspiration au départ d'une telle création, mais la reconnaissance d'un milieu spécifique du langage à l'état brut jusqu'à son élaboration en style — charme ou poème.

La figure de ces palettes est fort diverse, soit qu'elles procèdent des idées elles-mêmes, des images ou des tours, soit des mots juxtaposés, des sonorités, des rythmes, etc. Il arrive à Valéry d'indiquer ses modes d'enquêtes. Ainsi : « Essayer par les mots juxtaposés *à partir des idées*. Continuer par l'idée verbale et la phrase. » Ou bien : « Peindre par fonctions. » « Principe des *courbes*. Alors ici, au lieu de peindre mêlé, peindre séparé. »

Suivent des schèmes ; parfois très courts, comme celui-ci de l'*Ombre :*

Définition de l'ombre
fonction de la lumière
Est ; n'est pas ; diminue, que dit diminue
Suit l'être — transforme et brise
Sans effort.

On a aussi de vastes schèmes qui déroulent les actes et les cheminements, les suites hasardeuses ou concertées d'une pensée qui cherche à la fois sens et modulation.

Valéry

En voici un exemple tiré de la lecture d'une palette relative à l'*Harmonieuse Moi* :

Statue obéissante à mon nom et mensonge
                    l'appel
Debout
                        figure sans exemple
                            qui te survis
Harmonieuse moi différente d'un songe
Humaine   sur le penser parvis
Quoi! j'étais toute là. Je me voyais vivante
Quoi plus réel que toi te voyait
Se détachait de toi.
Te détruisait d'autant plus que plus claire, plus
Vivante elle te voyait, t'animait
Plus je t'animais plus tu semblais te finir
Tête.
Et mes énigmes, mes jeux, mes mouvements, mes dieux
ma spontanéité, mon obéissance à mon nom
mon commandement.
mes arrêts — mes souvenirs — mes reprises
mes yeux, etc...
ma voix — je parlais seule, etc.
Telle je te voyais, je me voyais entière
Et sous les feuilles, les rameaux, dans la transparence
des bois, formant une sainte distance qui
te *bleuissait*, t'ennoblissait, se fondre
innombrable

Peindre par fonctions
libre et chaînes | mouvement sans exemple
                          | mère de mouvements sur la terre
                              gracieuses
(cinéma?) debout   mère ferme et flexible *tronc*
                          qu'une ombre molle suit épousant
solide   Devant qui cède la paroi d'espace
solidité   À qui cède
et toujours de toi-même procèdes   imminente
                            m'en vais trahir
    Mouvements de mon cœur que je voudr

On aura remarqué dans cette palette « psychologique » et de vision parapsychique si particulière au poète, un certain nombre d'éléments qui donneront naissance à des thèmes bien connus de *La Jeune Parque,* en ébauchent déjà la configuration, le décor, l'action intérieure, les métaphores...

Des modèles de phrases musicales sont également recherchés, des structures mélodiques répondant à des effets attendus, à des mouvements précis de l'âme. On rencontre le genre de palette suivant :

```
                    à chercher
                                        Type
                    (arpèges)
Je viens-- -- -- -- -- -- -- -- -- -- --
-- -- -- -- --Me-- --  -- -- -- -- -- --
-- -- -- -- -- -- -- --vois -- -- -- --
-- -- -- -- -- -- -- -- -- -- -- -- --
-- -- -- -- -- -- -- -- -- -- -- -- -- !
Tu viens — Soleil
        Je suis déjà
                celle
                    que tu respires
```

Sans doute convient-il de rappeler que Valéry a toujours considéré le langage poétique sous son double aspect, sémantique et phonétique, supposant une mélodie sous le sens des mots et un sens au plus pur de leur harmonie. La délectation du *charme* ou *poème* est d'ordre à la fois sensible et intelligible. Entendre en poésie réclame jouissance et compréhension. Le poème opère une sorte de « sidération en mots » dont les musiques et les significations renouées à ce point de complexité et de transparence qui définit la poésie, apparaissent comme les indices ou les virtualités de « l'éclair primitif » spirituel, les témoins ou les preuves d'un dire essentiel. L'opération poétique, pour Valéry, consiste, à l'inverse des poètes philosophes ou didactiques, non à appréhender les mots par l'esprit mais l'esprit par les mots :

> Leur toile spirituelle
> Je la brise, et vais cherchant
> Dans la forêt sensuelle
> Les oracles de mon chant.

Les réseaux de sens ou d'images, on l'a vu, naissent de la trame sensuelle des vocables — sons et signes inlassablement rapprochés, juxtaposés, joints et disjoints. L'exercice constitue une véritable entreprise de création par la voie formelle ; sur les brouillons on a pu saisir comment l'esprit vient aux mots. Telle est du moins,

Valéry

pour l'essentiel, la pratique la plus courante. « C'est le chef-d'œuvre de l'impraticable, écrivait le poète à P. Louÿs au sujet de *La Jeune Parque*. C'est un récit que j'avais imaginé fait entièrement par système et par opérations régulières. » Il ne faudrait pas pourtant prendre à la lettre une telle déclaration. Il serait aisé de montrer en effet maints brouillons où Valéry ne semble pas suivre l'art singulier dont il s'est fait le théoricien. Loin de s'abandonner à la seule structure et allure des mots, à leur seul pouvoir et séduction de chant, il procède souvent d'idées en mots et de mots en idées, conquérant la forme même par les itinéraires d'idées, aussi bien que les idées elles-mêmes par l'inflexion et le murmure de la forme. Au fond le point de départ ou d'arrivée, la réussite ou l'échec de l'exécution, sans être pour lui indifférents, l'intéressent moins que l'exercice même. Et certes celui-ci ne tue pas toute inspiration, comme on pourrait croire, mais il la fait naître, au contraire. « Une chance qu'on fortifie », disait « l'amateur de poèmes ». Et sur « l'erreur promise », attendue, voulue :

> J'aime l'erreur qui n'est qu'un long chemin
> Dans une nuit non avare de mondes
> La veille y brille avec son lendemain
> Au même sein des ténèbres fécondes.

Et à Louÿs encore qui lui rappelait la loi en poésie — du moins la sienne — du simple contre neuf : « Mais encore, — qu'est-ce que *simple*, qu'est-ce que *neuf*? J'en suis à ce cynisme qui considère simple-complexe ; vieux-neuf ; comme des couleurs sur une palette. D'ailleurs ces deux oppositions ont ceci de commun que dans chacune, la qualification dépend seulement du point où l'on s'arrête. Un peu plus de tension et l'on a passé de l'une à l'autre valeur. Si tu pars de « le ciel est bleu » tu vas loin. Si tu y arrives, tu es gros de bien d'autres choses. »

Gérard Genette
16. [VERS UNE *POÉTIQUE*]

> « LA LITTÉRATURE COMME TELLE »
> le titre de cet article de G. Genette est tout à fait
> explicite et rend compte, pour l'essentiel, de la
> modernité de Valéry vingt ans après sa mort.

On lit dans *Tel Quel* : « La littérature est pleine de gens qui ne savent au juste que dire, mais qui sont forts de leur besoin d'écrire [1]. »

Phrase d'une assez rude vérité, mais non exclusivement négative, car le *besoin d'écrire sans savoir quoi* y est donné pour ce qu'il est : une force. Force vide, mais qui, paradoxalement, contribue, et peut-être suffit à *remplir* la littérature. Et de quelques-uns des plus beaux vers, Valéry dira qu'ils agissent sur nous sans nous apprendre grand-chose, ou qu'ils nous apprennent peut-être qu'ils n'ont « rien à nous apprendre [2] ». Telle est la Littérature, *réduite à l'essentiel de son principe actif*.

Ce besoin d'écrire n'est pas chez Valéry. Écrire ne lui inspire qu'un sentiment, maintes fois exprimé par lui, et qui lui tient lieu, dirait-on, d'incitation et de récompense : l'ennui. Sentiment profond, profondément lié à l'exercice et à la vérité de la littérature, encore qu'un tabou de bienséance interdise ordinairement de le reconnaître. Valéry eut cette force (car cela aussi est une force) de l'éprouver plus intensément qu'un autre, et d'en faire comme le point de départ de sa réflexion sur les Lettres. Cet *à quoi bon,* ce dégoût d'écrire qui saisit Rimbaud après son œuvre, intervient chez Valéry pour ainsi dire avant elle, et ne cessera plus de l'accompagner et en un certain sens de l'inspirer. Si toute œuvre moderne est de quelque façon hantée par la possibilité de son propre silence, Valéry fut,

GÉRARD GENETTE, *Figures*, Paris, 1966, © éd. du Seuil.

1. *Œuvres* (coll. Pléiade), t. II, p. 575.   2. T. I, p. 1334.

et reste apparemment le seul écrivain qui n'ait pas vécu cette possibilité comme une menace, une tentation portant sur l'avenir, mais comme une expérience antérieure, préliminaire, peut-être propitiatoire. À l'exception des *Vers anciens,* de l' *Introduction à Léonard* et de *Monsieur Teste,* la majeure partie de son œuvre fait suite, comme par dérogation perpétuelle, à une très sérieuse et définitive décision de *ne plus écrire.* C'est littéralement un *post-scriptum,* un long codicille, entièrement édifié sur le sentiment de sa parfaite inutilité, et même de sa totale inexistence en tant qu'autre chose qu'un pur exercice. Valéry soupçonnait bien des pages de littérature d'avoir pour toute signification : « Je suis une page de littérature »; on trouve souvent chez lui, implicite mais insistante, cette affirmation inverse : « Je n'ai plus rien à voir avec la littérature : en voici encore une preuve. »

Son destin littéraire fut donc cette expérience assez rare, et peut-être riche de son apparente stérilité : vivre dans la littérature comme en une terre étrangère, habiter l'écriture comme en visite ou en exil, et porter sur elle un regard à la fois intérieur et distant. Il est facile d'exalter la littérature, plus facile encore de l'accabler; chacun de ces propos comporte un versant de justesse. La vérité qui est à leur étroite et difficile jointure, il est arrivé à Valéry de l'éprouver comme le lieu précis de son séjour, quitte à s'aménager un confort, et une carrière, dans cette difficulté, comme d'autres dans la révolte ou le désespoir.

« Il ne s'agit pas de maltraiter la littérature, écrit Blanchot, mais de chercher à la comprendre, et de voir pourquoi on ne la comprend qu'en la dépréciant [3]. » Cette dépréciation, ou *dévaluation* salutaire, fut un des propos constants de Valéry, et l'on a peine à mesurer tout ce que la conscience et la pratique modernes de la littérature doivent à cet effort réducteur.

Ce qui le rebute dans la littérature, c'est, comme il l'a souvent expliqué, le sentiment de l'*arbitraire :* « Ce que je puis changer facilement m'offense chez moi, et m'ennuie chez les autres. D'où bien des conséquences

---

3. *La Part du feu,* p. 306.

anti-littéraires, et singulièrement anti-historiques [4]. »
Ou encore : « Quant aux contes et à l'histoire, il m'arrive de m'y laisser prendre et de les admirer, comme excitants, passe-temps et ouvrages d'art ; mais s'ils prétendent à la " vérité ", et se flattent d'être pris au sérieux, l'arbitraire aussitôt et les conventions inconscientes se manifestent ; et la manie perverse des substitutions possibles me saisit [5]. » C'est évidemment cette manie, qu'il qualifie encore de *pratique détestable* et dont il avoue qu'elle *ruine des plaisirs,* qui lui rend tout à fait inconcevable l'art du récit, et le genre romanesque. Un énoncé comme « La marquise sortit à cinq heures » lui apparaît *aussitôt* comme une agrégation contingente d'unités toutes substituables : *La marquise (ou tout autre sujet) sortit (ou tout autre verbe) à cinq heures (ou tout autre complément).* Le narrateur ne peut arrêter ce vertige de possibles que par une décision arbitraire, c'est-à-dire par une convention. Mais cette convention est inconsciente, ou pour le moins inavouée : toute l'imposture littéraire est dans cette dissimulation. Et Valéry rêve d'un livre qui, exemplairement, dénoncerait la convention en exposant à chaque articulation la liste des virtualités sacrifiées : « Peut-être serait-il intéressant de faire *une fois* une œuvre qui montrerait, à chacun de ses *nœuds,* la diversité qui peut s'y présenter à l'esprit, et parmi laquelle il *choisit* la suite unique qui sera donnée dans le texte. Ce serait là substituer à l'illusion d'une détermination unique et imitatrice du réel, celle du *possible-à-chaque-instant,* qui me semble plus véritable. Il m'est arrivé de publier des textes différents de mêmes poèmes : il en fut même de contradictoires, et l'on n'a pas manqué de me critiquer à ce sujet. Mais personne ne m'a dit pourquoi j'aurais dû m'abstenir de ces variations. » Il n'est peut-être pas excessif de trouver ici le programme d'une certaine littérature moderne. Ce que Valéry réservait encore au poème a été, depuis, appliqué au récit, et qu'est-ce, d'une certaine manière, qu'un roman comme *Le Voyeur* ou *Le Parc,* sinon une suite de variations, parfois contradictoires, construites sur un petit nombre de cellules narratives qui leur servent de thème, un récit montrant à chacun de ses

---

4. T. II, p. 1502.   5. T. I, p. 1467.

Valéry

nœuds une diversité de possibles parmi lesquels il ne se soucie plus de choisir? L'arbitraire « honteux » que Valéry dénonce dans le roman traditionnel, tout se passe comme si la littérature moderne en avait pris — en grande partie grâce à lui — une conscience définitive, et qu'elle eût décidé de l'assumer totalement, jusqu'à en faire parfois l'unique objet de son discours.

Par cette décision, elle répond assez bien, semble-t-il, à l'idée positive que Valéry se faisait de la littérature. Car si rien ne l'offusque autant qu'une convention inconsciente, rien non plus ne le satisfait davantage qu'un décret explicite. Là se trouve pour lui tout le mérite de la versification : « La rime a ce grand succès de mettre en fureur les gens simples qui croient naïvement qu'il y a quelque chose sous le soleil de plus important qu'une convention [6]. » Là aussi toute la vertu du classicisme : « Comme on le voit par les sciences, nous ne pouvons faire œuvre rationnelle et construire par ordre que moyennant un ensemble de *conventions*. L'art classique se reconnaît à l'existence, à la netteté, à l'absolutisme de ces conventions [7]. »

On s'étonne parfois de ce que Valéry ait jugé Pascal *coupable* de cette intervention volontaire du style, de ce souci de l'*effet* dont l'analyse et l'application systématique font à ses yeux la grandeur d'Edgar Poe; mais c'est que les *Pensées* omettent de se reconnaître ou de s'avouer comme entreprise de littérature, et se veulent une recherche sincère et douloureuse de la vérité, tandis que l'œuvre de Poe s'affiche d'abord comme littéraire. Si je vois trop la main de Pascal, c'est qu'elle se cache. Celle de Poe se montre, et je ne la vois plus. La « littérature », au mauvais sens du mot, se dénonce en qui l'ignore ou la camoufle : elle disparaît chez qui l'affiche. Pascal est condamné pour avoir usé de ses artifices sans le dire, Poe exalté pour les avoir démontés et exposés en pleine lumière.

Le mérite exemplaire de la mathématique, « qui n'est après tout qu'un discours à règles exactes [8]», c'est d'avoir su poser *a priori* le système de ses postulats, axiomes et définitions. Et son utilité lui vient de s'être d'abord acceptée comme un jeu gratuit, dans une pleine

---

6. T. II, p. 551.   7. T. I, p. 605.   8. T. I, p. 1258.

conscience des rapports qu'elle noue entre l'arbitraire et le nécessaire. Le physicien, le chimiste font œuvre de science dans l'exacte mesure où ils s'avouent des créateurs. Le philosophe et l'historien sont « des créateurs qui s'ignorent, et qui croient qu'ils ne font que substituer une idée plus exacte ou plus complète du réel à une idée grossière ou superficielle, *quand, au contraire, ils inventent* [9] ».

Le procès fait à l'Histoire consiste pour l'essentiel en une critique de cette illusion. Histoire, Philosophie, « ce sont des genres littéraires, honteux de l'être. Je ne leur reproche que cela... Mon plan d'opérations consiste dans l'essai de mettre en évidence *toutes les conventions* implicites que l'idée d'Histoire exige et introduit dans la pensée de ceux qu'elle intéresse [10] ». Lucien Febvre pouvait reprocher à Valéry ses mauvaises lectures en histoire, et de n'avoir rien connu de Pirenne, de Jullian, de Marc Bloch. Il ne pouvait lui en vouloir d'avoir si rudement attaqué l'histoire « historisante », son positivisme, sa religion naïve du Fait, puisque cette critique coïncidait presque mot pour mot avec la sienne propre. On pourrait assez bien définir cette « autre histoire » que réclamait et fondait l'école des *Annales* comme celle qui échappe aux reproches de Valéry pour en avoir, précisément, admis le bien-fondé, et tiré la leçon. Mais n'en va-t-il pas d'une manière analogue en littérature? Ici et là, le rôle de Valéry aura été de réclamer, et, pour une part, d'établir quelque chose comme une *axiomatique*. La littérature — comme toute autre activité de l'esprit — repose sur des conventions que, sauf exceptions, elle ignore. Il ne s'agit que de les *mettre en évidence*.

Devant ce projet d'une théorie générale de la littérature, Valéry voit se dresser deux obstacles : deux illusions, d'ailleurs jumelles, où se résument et se cristallisent toutes les *idolâtries* littéraires, et auxquelles le XIXe siècle a donné la force redoutable d'une fausse nature. La première est ce qu'il nomme l'*illusion réaliste*. Cette erreur, qu'il retrouve chez le Flaubert de *Bovary* et de *Salammbô* et dont il dénonce plus généralement les

---

9. T. I, p. 1246.   10. T. II, p. 1548.

Valéry

effets dans l'œuvre du naturalisme, consiste à croire que la littérature peut reproduire le réel, et s'édifier sur des « documents historiques » ou sur « l'observation du présent toute crue [11] ». Ce réalisme repose sur une mauvaise entente des conditions de l'observation scientifique elle-même. Le physicien sait que « le vrai à l'état brut est plus faux que le faux [12] », et que la connaissance consiste à « changer les choses en nombres et les nombres en lois [13] ». L'écrivain réaliste se refuse à cette abstraction, mais, voulant restituer dans son œuvre une réalité brute sans renoncer à ce souci du style par lequel il satisfait cette « ambition essentielle de l'écrivain » qui est « nécessairement de se distinguer », il transpose cette réalité commune « dans le système étudié d'un langage rare, rythmé, pesé mot par mot, et qui sentait ce respect de lui-même et ce souci d'être remarqué » : le *style artiste*. C'est ainsi que le réalisme aboutit « à donner l'impression de l'artifice le plus voulu ». Cet échec du naturalisme n'est pas, pour Valéry, un accident historique ou l'effet d'une absence particulière de talent : il est l'aboutissement inévitable d'une méconnaissance des rapports entre l'art et la réalité. « Le seul réel, dans l'art, c'est l'art. » C'est pour s'être voulu totalement exempt de conventions, image transparente de la vie, que le naturalisme est tombé dans l'écriture la plus fausse et la plus opaque. Il manifeste par sa chute cette impossibilité du « vrai dans les Lettres », dont le Symbolisme a eu le mérite de prendre acte, et dont toute pensée de la Littérature doit d'abord se pénétrer.

Le second obstacle est une autre illusion chère au XIXᵉ siècle romantique et psychologiste : celle qui veut qu'une œuvre exprime, comme un effet sa cause, la personnalité de son auteur. Le mépris bien connu de Valéry pour la biographie — et pour l'histoire littéraire comprise comme une accumulation de documents biographiques — tient à cette idée simple que « toute œuvre est l'œuvre de bien d'autres choses qu'un *auteur* [14] ». « Le véritable ouvrier d'un bel ouvrage... n'est positivement personne [15]. » Non que l'écrivain soit proprement absent de son œuvre; mais l'œuvre

---

11. T. I, p. 613. 12. T. I, p. 1203. 13. T. I, p. 613.
14. T. II, p. 629. 15. T. I, p. 483.

n'existe comme telle qu'en tant qu'elle se délivre de cette présence, et l'auteur ne devient auteur que lorsqu'il cesse d'être homme pour devenir cette *machine* littéraire, cet instrument d'opérations et de transformations qui seul intéresse Valéry. « Il ne faut jamais conclure de l'œuvre à un homme, — mais de l'œuvre à un masque, et du masque à la machine [16]. » Les vraies conditions du travail littéraire tiennent à un système de forces et de contraintes dont l'esprit créateur n'est que le lieu de rencontre, somme toute accidentel et d'influence négligeable, ou accessoire. Leur champ véritable est le *réel du discours,* c'est-à-dire non son contenu, mais « les mots seulement, et les formes [17] ». C'est pourquoi les biographes et les historiens se méprennent lorsqu'ils croient expliquer une œuvre par ses rapports avec son auteur et la réalité qu'il a voulu « traduire ». Ces considérations ne devraient intervenir qu'une fois définis avec précision les modes d'existence et les conditions de fonctionnement de l'objet littéraire, — une fois élucidées les questions, impersonnelles et transhistoriques, que pose la littérature dans son ordre spécifique, comme « extension et application de certaines propriétés du langage [18] ». Mais ces questions — auxquelles Valéry se propose de consacrer son enseignement de la Poétique au Collège de France —, il les trouve devant lui, presque intactes.

Presque seulement : d'abord, parce que les efforts de l'*ancienne rhétorique* — et, à sa suite, de la linguistique naissante [19] — ne lui sont pas inconnus, et qu'il indique nettement la filiation, ou l'analogie, entre cette démarche et la sienne : la Poétique ne sera, en un sens, qu'une nouvelle Rhétorique ; ensuite, parce qu'il se reconnaît, sur cette voie, un précurseur (et même davantage) en la personne d'Edgar Poe. L'auteur du *Poetic Principle* est le premier à avoir entrevu cette axiomatique de la littérature dont la constitution serait la tâche la plus urgente de la réflexion critique. « Jamais le problème de la littérature n'avait été, jusqu'à Edgar Poe, examiné dans ses prémisses, réduit à un problème de psycholo-

---

16. T. II, p. 581.   17. T. I, p. 1456.   18. T. I, p. 1440.
19. On sait, entre autres, qu'il a rendu compte, dans le *Mercure de France* de janvier 1898, de *La Sémantique* de Bréal.

gie [20], abordé au moyen d'une analyse où la logique et la mécanique des effets étaient délibérément employés. Pour la première fois, les rapports de l'œuvre et du lecteur étaient élucidés et donnés comme les fondements positifs de l'art [21]. » Ce qui fait la valeur incomparable de cette analyse, c'est son très haut degré de généralité : Poe a su dégager des lois et des principes qui « s'adaptent également aux ouvrages destinés à agir puissamment et brutalement sur la sensibilité, à conquérir le public amateur d'émotions fortes ou d'aventures étranges, comme (ils) régissent les genres les plus raffinés et l'organisation délicate des créatures du poète ». La conséquence la plus précieuse d'une visée aussi large (puisqu'elle englobe à la fois ce que Valéry appellera « des œuvres *qui sont comme créées par leur public,* dont elles remplissent l'attente et sont ainsi presque déterminées par la connaissance de celle-ci, et des œuvres qui, au contraire, *tendent à créer leur public* [22] » : ce qu'on nommerait aujourd'hui œuvres de masses et œuvres d'avant-garde), c'est sa fécondité : « Le propre de ce qui est vraiment général est d'être fécond. » Découvrir les lois les plus universelles de l'*effet* littéraire, c'est effectivement dominer à la fois la littérature réelle, déjà écrite, et toutes les littératures possibles et non encore réalisées : « des domaines inexplorés, des chemins à tracer, des terres à exploiter, des cités à édifier, des relations à établir, des procédés à étendre ». D'où la prodigieuse inventivité de Poe, qui a inauguré plusieurs genres modernes, comme le conte scientifique ou le roman policier : ayant établi une fois pour toutes le tableau général des formes de l'imagination littéraire, comme Mendéléiev établira celui des éléments chimiques, il ne lui reste qu'à remplir lui-même, par transformations, les cases laissées vides par les hasards de l'histoire.

Cette description quelque peu fantastique du rôle d'Edgar Poe illustre à merveille l'idée que Valéry se fait de l'invention littéraire. La création personnelle,

---

20. Il s'agit ici, contrairement aux prémisses de la critique « biographique », et comme le montre la suite de ce texte, d'une psychologie du lecteur plutôt que de l'auteur : psychologie de l'*effet,* et non de la cause.
21. T. I, p. 606.   22. T. I, p. 1442.

au sens fort, n'existe pas, d'abord parce que l'exercice littéraire se réduit à un vaste jeu *combinatoire* à l'intérieur d'un système préexistant qui n'est autre que le langage : « D'ailleurs, en considérant les choses d'un peu haut, ne peut-on pas considérer le Langage lui-même comme le chef-d'œuvre des chefs-d'œuvre littéraires, puisque toute création dans cet ordre se réduit à une combinaison des puissances d'un vocabulaire donné, selon des formes instituées une fois pour toutes [23]? » Ensuite, parce que « toute fantaisie pure... trouve sa voie dans les dispositions cachées des diverses sensibilités qui nous composent. On n'invente que ce qui s'invente et veut être inventé [24] ». Une création neuve n'est ordinairement que la rencontre fortuite d'une case vide (s'il en reste) dans le tableau des formes, et par conséquent le désir constant d'innover en se démarquant de ses prédécesseurs, cet avant-gardisme, ce *réflexe de contre-imitation* [25] que Valéry perçoit comme une des faiblesses de la modernité littéraire, repose sur une illusion naïve. Ce qui paraît nouveau n'est le plus souvent qu'un retour à une forme délaissée depuis longtemps, à la limite depuis toujours, mais dont la virtualité, pour le moins, est inscrite dans le système intemporel du langage. Autrement dit, la succession des formes n'est pas une histoire (cumulative et progressive), mais simplement une série de modifications hasardeuses, une rotation semblable à celle de la Mode : « Tout revient comme les jupes et les chapeaux [26]. » Cette récurrence ne tient pas à une disposition cyclique du Temps, mais simplement au nombre limité des possibilités d'expression : « Les combinaisons ne sont pas en nombre infini ; et si l'on se divertissait à faire l'histoire des surprises qui furent imaginées depuis un siècle... on formerait assez facilement le tableau de ces écarts, absolus ou relatifs, où paraîtrait quelque distribution curieusement symétrique des moyens d'être original [27]. » Cette appréciation n'est d'ailleurs nullement péjorative, car pour Valéry comme pour Borges, le vrai créateur n'est pas celui qui invente, mais celui qui découvre (c'est-

---

23. T. I, p. 1441.
24. T. I, p. 614.
25. T. I, p. 1487.
26. T. II, p. 560.
27. T. I, p. 1488.

à-dire invente ce qui *veut être inventé*), et le critère de valeur d'une création n'est pas dans sa nouveauté, mais à l'inverse, dans son ancienneté profonde : « ce qui est le meilleur dans le *nouveau* est ce qui répond à un désir *ancien* [28] ». La vraie surprise, la *surprise infinie* qui est l'objet de l'art ne naît pas d'une rencontre avec l'inattendu ; elle tient à « une disposition toujours renaissante, et contre laquelle toute l'attente du monde ne peut prévaloir [29] ».

Il y a donc chez Valéry une *idée* de la littérature qui est, elle aussi, à la fois très moderne et très ancienne, et qui le rapproche non seulement du formalisme contemporain (celui de la Nouvelle Critique américaine et plus encore celui de l'école russe des années vingt, dont le maître-mot pourrait être cette phrase de *Tel quel* : « Les belles œuvres sont filles de leur forme, *qui naît avant elles* [30] », ou cette autre, de *Variété* : « Ce qu'ils appellent le fond n'est qu'une forme impure [31] »), mais aussi des recherches actuelles du structuralisme. On sait qu'il a dénoncé lui-même, et non sans ironie, son parti pris structuraliste en écrivant : « Il y eut un temps où je voyais. Je voyais ou voulais voir les figures de relations entre les choses, et non les choses [32]. Les *choses* me faisaient sourire de pitié. Ceux qui s'y arrêtaient ne m'étaient que des idolâtres. Je *savais* que l'essentiel était *figure* [33]. » On lui reprochait, comme aujourd'hui à Lévi-Strauss en anthropologie, de vouloir mathématiser la littérature [34], et l'on ne peut manquer de percevoir quelque analogie entre la méthode qu'il prête à Edgar Poe et celle des *Structures élémentaires de la parenté*. Il propose d'appeler — hypothétiquement — poésie pure une œuvre-limite *« où la transformation des pensées les unes dans les autres paraîtrait plus importante que toute pensée,* où le jeu des

---

28. T. II, p. 561.
29. T. II, p. 560.
30. T. II, p. 477.
31. T. I, p. 657.
32. Braque, cité par Jakobson (*Selected Writings*, I, p. 632) : « Je ne crois pas aux choses, mais aux relations entre les choses. » C'est le credo structuraliste.
33. T. I, p. 1532.
34. « Il ramène tout aux mathématiques. Il voudrait faire une table de logarithmes pour les littérateurs » (Jules Renard).

figures contiendrait la réalité du sujet [35] » (ce qui peut encore passer pour une anticipation — en 1927 — de certaines tendances de la littérature actuelle), et confesse que « la Littérature ne (l') intéresse *profondément* que dans la mesure où elle exerce l'esprit à certaines transformations — celles dans lesquelles les propriétés excitantes du langage jouent un rôle capital [36] ». Les recherches modernes sur les figures de transformations à l'œuvre dans le mythe, le conte populaire, les formes générales du récit, sont évidemment dans le droit fil du programme valéryen. Cette grande Histoire anonyme de la Littérature, cette « Histoire de l'esprit en tant qu'il produit ou consomme de la littérature », qu'il prévoyait en ouvrant son cours de Poétique, cette histoire reste à faire, et peu de tâches, en ce domaine, paraissent mieux répondre aux besoins et aux moyens actuels de notre intelligence critique. Dans l'ordre de la recherche comme dans l'ordre de la création, l'heure est peut-être à cette exploration, souhaitée par Valéry, « de tout ce domaine de la sensibilité qui est gouverné par le langage. Cette exploration, ajoutait-il, peut être faite à tâtons. C'est ainsi qu'elle est généralement pratiquée. Mais il n'est pas impossible qu'elle soit un jour systématiquement conduite [37] ».

---

35. T. I, p. 1463.
36. T. I, p. 1500.
37. T. I, p. 1458.

CHRONOLOGIE BIOGRAPHIQUE

1871. 30 octobre : naissance d'Ambroise, *Paul,* Toussaint, Jules *Valéry* à Sète, de Barthélemy Valéry (vérificateur principal des Douanes, né à Bastia) et de Fanny Grassi (née à Trieste, père consul d'Italie à Sète).
1874. Paul Valéry échappe à sa bonne et manque de se noyer dans le bassin du jardin public.
1876. Entre en onzième chez les frères dominicains.
1878. Entre en neuvième au Collège de Sète.
1883. Première communion ; Paul Valéry lit beaucoup, aime peindre, s'intéresse à l'architecture.
1887. Première partie du baccalauréat ; voyage en Italie ; premiers poèmes.
1888. Seconde partie du baccalauréat.
1889. Étudiant en Droit. Le 15 novembre, service militaire à Montpellier.
1890. Rencontre Pierre Louÿs, puis André Gide ; écrit à Mallarmé.
1891. Publication de *Narcisse parle,* dans *La Conque* : Mallarmé se déclare charmé par ce poème. Reçu en deuxième année de Droit. Séjours à Paris.
1892. Voyage à Gênes : nuit du 4-5 octobre (« Je suis entre moi et moi ») ; décide de renoncer à la poésie et de refuser la passion pour se consacrer tout entier à l'Intelligence.
1894. Études terminées, se fixe à Paris ; commence son premier « cahier » (note ses réflexions chaque matin à l'aube).
1895. Écrit et publie *L'Introduction à la méthode de Léonard de Vinci.*
1896. Écrit et publie *La Soirée avec Monsieur Teste.*
1897. Devient rédacteur au ministère de la Guerre.
1898. 14 juillet : dernière visite à Mallarmé, à Valvins ; très frappé par sa mort.
1899. Lit philosophes et mathématiciens (Nietzsche et Cantor).
1900. Épouse Jeannie Gobillard, nièce de Berthe Morisot ; installé 40, rue de Villejust. Devient secrétaire particulier d'un des directeurs de l'Agence Havas, Édouard Lebey.
1903. Naissance de son premier fils, Claude. Rencontre Degas.
1906. Naissance de sa fille, Agathe.
1907-1911. Fréquente des artistes (Redon, Rodin, Ravel).
1912. A la demande de Gide, Gaston Gallimard lui propose de revoir et publier ses œuvres anciennes ; idée de *La Jeune Parque.*
1913-1915. Travaille à *La Jeune Parque.*
1916. 300 vers de *La Jeune Parque* sont lus à Gide. Naissance de son second fils, François.

Chronologie

1917. *La Jeune Parque* paraît en avril.
1919. Publication de *La Soirée avec Monsieur Teste, L'Introduction à la méthode de Léonard de Vinci* avec *Notes et Digressions*.
1920. La N.R.F. publie *Le Cimetière marin* : succès. Paul Valéry fréquente les salons parisiens. L'*Album de vers anciens*.
1921. *Eupalinos ou l'Architecte;* dans la N.R.F., *Ébauche d'un serpent*.
1922. Mort d'Édouard Lebey : Paul Valéry envisage la carrière d'homme de lettres. Édition originale de *Charmes*.
1923. Édition originale de *L'Âme et la Danse*.
1924. Commence une carrière de conférencier et pose sa candidature à l'Académie française. *Variété* et *Cahier B*. 1910.
1925. Académicien. *ABC* et *Madame Émilie Teste*.
1926. *Analecta; Rhumbs; Vers et Prose*.
1927. *Autres rhumbs* et *Descartes*.
1928. Gustave Cohen fait en Sorbonne une leçon sur *Le Cimetière marin* en présence de Paul Valéry.
1929. Édition de *Charmes* commentée par Alain. *Variété II*.
1930. Nombreuses rencontres avec des savants (Perrin, Langevin, de Broglie). *Choses tues*.
1931. Docteur *honoris causa* de l'Université d'Oxford. *Amphion* (d'abord représenté à l'Opéra). *Regards sur le monde actuel*.
1932. Au Grand Amphithéâtre de la Sorbonne, *Discours en l'honneur de Gœthe*. *L'Idée fixe*.
1933. Nommé administrateur du Centre méditerranéen (Nice).
1934. *Sémiramis* (d'abord représentée à l'Opéra).
1935. *Questions de poésie*.
1936. *Variété III*. Élu professeur au Collège de France.
1937. Leçon inaugurale de « Poétique ». *Degas, danse, dessin*.
1938. *Variété IV*. Compose *La Cantate du Narcisse*.
1939. Cours sur Edgar Poe au Collège de France. Rencontre Stravinsky. *Mélange*.
1940. Pour tromper son anxiété, écrit deux actes de *Mon Faust*.
1941. Prononce l'éloge funèbre de Bergson à l'Académie; le gouvernement de Vichy le destitue de ses fonctions d'administrateur du Centre méditerranéen. *Tel quel*.
1942. *Mauvaises pensées et autres*.
1943. *Dialogue de l'Arbre*.
1944. *La Cantate du Narcisse* est jouée à Paris. *Variété V*. Au Grand Amphithéâtre de la Sorbonne, *Discours sur Voltaire*.
1945. Écrit *L'Ange* (publication posthume, 1946). S'alite le 31 mai, meurt le 20 juillet, à l'âge de soixante-quatorze ans. Le 25 juillet, obsèques nationales à la demande du gouvernement de Gaulle; le 27, enterré au cimetière marin de Sète.

BIBLIOGRAPHIE

I. L'ŒUVRE DE PAUL VALÉRY

On trouve dans les diverses collections des Éditions Gallimard la plupart des ouvrages de Paul Valéry réédités à la suite des publications originales. Les *textes de référence* sont :

Œuvres (tome I et II), Bibliothèque de la Pléiade, Paris, Gallimard, 1957-1962; édition établie et annotée par Jean Hytier, introduction biographique de Mme Agathe Rouart-Valéry.

Lettres à quelques-uns, Paris, Gallimard, 1952.

Correspondance 1890-1942 (Paul Valéry-André Gide), Paris, Gallimard, 1955.

Correspondance 1887-1933 (Paul Valéry-Gustave Fourment), Paris, Gallimard, 1957.

Les Cahiers ont été publiés en fac-similé par le C.N.R.S., en 29 volumes (Paris, Imprimerie Nationale, à partir de 1957).

II. CHOIX D'ÉTUDES SUR VALÉRY

N.B. — Parmi ces ouvrages spécialement consacrés à Paul Valéry, sont marqués d'un astérisque ceux dont on donne ici même des extraits.

A. LIVRES

a) *Ouvrages généraux :*

Bemol (Maurice), *Paul Valéry,* Paris, Les Belles Lettres, 1949.
Berne-Joffroy (André), *Valéry,* Paris, « Bibliothèque Idéale », Gallimard, 1960.
Duchesne-Guillemin (Jacques), *Études pour un Paul Valéry,* Neuchâtel, A La Baconnière, 1964.
Noulet (Émilie), *Paul Valéry,* Paris, Bernard Grasset, 1938, Bruxelles, Renaissance du Livre, 1950.
*Raymond (Marcel), *Paul Valéry et la Tentation de l'Esprit,* Neuchâtel, A La Baconnière, 1946.

b) *Essais :*

*Aigrisse (Gilberte), *Psychanalyse de Paul Valéry,* Paris, Éd. Universitaires, 1970.
Bastet (Ned), *La Symbolique des images dans l'œuvre poétique de Paul Valéry,* Aix-en-Provence, Publication de la Faculté des Lettres, 1962.
Bemol (Maurice), *La Méthode critique de Paul Valéry,* Paris, Les Belles Lettres, 1950.

Bibliographie

Bremond (Henri), *Racine et Valéry*, Paris, Bernard Grasset, 1930.
**Entretiens sur Paul Valéry* (Décades de Cerisy-la-Salle), sous la direction de E. Noulet-Carner, Paris-La Haye, Mouton, 1968.
Hytier (Jean), *La Poétique de Valéry*, Paris, Colin, 1953.
Paul Valéry vivant, numéro spécial des *Cahiers du Sud,* 1946.
Pommier (Jean), *Paul Valéry et la création littéraire*, Paris, Éd. de l'Encyclopédie française, 1946.
*Robinson (Judith), *L'Analyse de l'esprit dans les « Cahiers » de Paul Valéry*, Paris, José Corti, 1963.
Sutcliffe (F. E.), *La Pensée de Paul Valéry*, Paris, Nizet, 1955.
*Thibaudet (Albert), *Paul Valéry*, Paris, Bernard Grasset, 1923.
Walzer (Pierre-Olivier), *La Poésie de Paul Valéry*, Genève, P. Cailler, 1953.

c) *Études particulières :*

Austin (Lloyd-James), *Étude critique du « Cimetière marin »*, Grenoble, Roissard, 1954.
Bemol (Maurice), *La Parque et le Serpent (essai sur les formes et les mythes)*, Paris, Les Belles Lettres, 1955.
Benoist (Pierre-François), *Les Essais de Paul Valéry, vers et prose*, Éd. de la Pensée moderne, 1964.
Chisholm (A.-R.), *La Pythie and its place in Valery's work*, The Modern Language review, vol. LVIII, 1963.
Got (Maurice), *Assomption de l'espace (à propos de « L'Âme et la danse »)*, Paris, S.E.D.E.S., 1966.
Guiraud (Pierre), *Langage et Versification d'après l'œuvre de Paul Valéry*, Paris, Klincksieck, 1953.
*Laurette (Pierre), *Le Thème de l'arbre chez Paul Valéry*, Paris, Klincksieck, 1967.
Lawler (James-R.), *Lecture de Paul Valéry, une étude de « Charmes »*, Paris, P.U.F., 1963.
*Levaillant (Jean), *Genèse et Signification de « La Soirée avec Monsieur Teste »*, Paris, Klincksieck, 1971.
Maka-de Schepper (Monique), *Le Thème de la Pythie chez Paul Valéry*, Paris, Les Belles Lettres, 1969.
*Nadal (Octave), *« La Jeune Parque »*, édition critique, Paris, Club du Meilleur Livre, 1957.
Parisier-Plottel (Jeanine), *Les Dialogues de Paul Valéry*, Paris, P.U.F., 1960.

B. QUELQUES ARTICLES RÉCENTS

Austin (Lloyd-James), « Paul Valéry : " Teste " ou " Faust " ? », in *Cahiers de l'Association internationale des Études françaises*, n° 17, mars 1965, pp. 246-256.
Bastet (Ned), « Œuvre ouverte et œuvre fermée chez Paul Valéry », in *Annales de la Faculté des Lettres et Sciences humaines de Nice*, n° 2, 1967, pp. 103-119.

Valéry

BELLEMIN-NOËL (Jean), « En marge des premiers " Narcisse " de Valéry », in *Revue d'Histoire Littéraire de la France*, 1970, V-VI, pp. 975-991.

DECAUDIN (Michel), « Narcisse : " une sorte d'autobiographie poétique " », in *L'Information littéraire*, mars-avril 1956, pp. 49-55.

HYTIER (Jean), « Étude de *La Jeune Parque* », in *Questions de littérature*, Genève, Droz, 1967, pp. 3-39.

JALLAT (Jeannine), « Valéry et le Mécanisme (la notion de modèle et la théorie de la construction) », in *Saggi e Ricerche di Letteratura Francese* (Pisa), VIII, 1967, pp. 187-241.

LAWLER (James-R.), « Huit volumes des Cahiers de Paul Valéry », in *Revue d'Histoire littéraire de la France*, 1963, I, pp. 62-89.

NADAL (Octave), « La Nuit de Gênes » et « Arithmetica Universalis », in *A mesure haute*, Paris, Mercure de France, 1964, pp. 151-164 et 181-190.

STEWART (William-Mc C.), « Peut-on parler d'un " orphisme " de Paul Valéry ? », in *Cahiers A.I.E.F.*, n° 22, mars 1970, pp. 182-195.

WALZER (Pierre-Olivier), « Valéry : deux essais sur l'amour *(Béatrice* et *Stratonice)* », in *R.H.L.F.*, 1968, I, pp. 66-86.

III. DOCUMENTATION AUDIO-VISUELLE

On peut mentionner :
— un disque de poèmes de Valéry dits par Jean Vilar (disques Ades, éd. Pierre Seghers);
— deux œuvres de télévision : *l'Idée fixe* ou *Un Homme à la mer* et *Mon Faust* avec Pierre Fresnay et Pierre Dux.

TABLE DES MATIÈRES

Introduction. 7

TEXTES CRITIQUES

- I. 1 APPROCHES (Marcel Raymond). 13
- II. LA TENTATION DE L'ABSTRAIT.
  - 2. Les dangers d'une *métaphysique* (Jean Hytier). 28
  - 3. Les chances d'une *logique* (Judith Robinson). 36
  - 4. Résurgences du *mysticisme* (Walter Ince). 47
  - 5. Valeurs de l'*érotisme* (P.-O. Walzer). 61
- III. TROIS HÉROS DE L'ESPRIT.
  - 6. Léonard (Charles Du Bos). 73
  - 7. Teste (Jean Levaillant). 88
  - 8. Faust (Ned Bastet). 95
- IV. THÈMES ET HANTISES.
  - 9. La conscience valéryenne du temps (Georges Poulet). 108
  - 10. Une manière de *narcissisme* (Gilberte Aigrisse). 119
  - 11. Lecture psychocritique (Charles Mauron). 133
  - 12. Une image poétique : *l'arbre* (Pierre Laurette). 148
- V. ÉCRITURE.
  - 13. Une nouvelle manière d'écrire (Albert Thibaudet). 156
  - 14. Sur *La Pythie* ou de la métaphore (Alain). 164
  - 15. Les secrets du laboratoire (Octave Nadal). 168
- VI. 16. Vers une POÉTIQUE (Gérard Genette). 175

Chronologie biographique. 186
Bibliographie. 188

ACHEVÉ D'IMPRIMER
PAR L'IMPRIMERIE FLOCH
À MAYENNE
LE 1er FÉVRIER 1971

Numéro d'éditeur : 1361
Numéro d'imprimeur : 9999
Dépôt légal : 1er trim. 1971

Printed in France